JN077589

KPI
マネジメント
の再構築

見える化とコミュニケーションが導くPDCA改革

アットストリーム
大工舎 宏
HIROSHI DAIKUYA

日本能率協会マネジメントセンター

はじめに

　KPIマネジメントは、多くの企業・団体（以下、本書では企業という表記で統一します）で取り入れられており、用語としてのKPI（Key Performance Indicators：重要業績評価指標）は広く一般に認識されています。しかしその一方で、KPIを有効に活用できているかというと、必ずしもそうではありません。

◆ 有効な手法のはずなのに、その実感が十分ではない。もっと効果が出せるはずだ
◆ 今の進め方が最適なのだろうか？　もっと良い方法はないか？
◆ 定着しきれていない。形骸化していると言わざるを得ない

といった課題認識や悩みを聞くことが多くなっています。

　KPIマネジメントや目標管理関連で弊社に問合わせ・相談いただく場合のほとんどが、「KPIやそれに類する取組みを進めているが、十分に機能していない」というものです。意外なことに「新規にKPIマネジメントに取り組みたい」という依頼は少ないのです。

　これはおそらく、書籍やセミナーなどで紹介されている手法・進め方をもとに進めているが、そのどこかで難所に直面している状況ではないでしょうか。OKR（Objectives and Key Results：目標と主要な結果）など、類似の手法を取り入れている場合にも同様の課題認識・悩みがあがっています。つまり、手法の差異が影響しているわけではないのです。

　また一方で、しっかりと成果をあげ、業績だけでなく経営管理力・組織力の向上を実現している企業もあります。これらの例では、短期の取組みで終わることなく、数年間粘り強く取り組んでいるという特徴があります。断言できるのは、必ず失敗する、機能しないというわけではないということです。進め方や運用方法の違い

が、効果・効能の差異を生み出しています。

　企業の外部環境に目を向けると、ご存じのとおり不確実性は高まっています。Afterコロナ・Withコロナの時代では、さらに増すことでしょう。こうした環境下では、企業の経営管理は従来以上に、迅速かつ柔軟にかじ取りを行うことが求められます。「見える化」と「経営と現場の連鎖性の向上」を本質とするKPIマネジメント活用の必要性は、間違いなく高まっています。別のいい方をすれば、KPIマネジメントをうまく活用できる企業とそうでない企業との間には大きな差が生まれてしまうともいえます。

　十分に機能していないからといって、もちろん放置していてはいけません。また、KPIマネジメントを止めて別の手法に切り替えるということも得策ではありません。新しい手法に切り替えること自体に相応のエネルギーが必要で、現状の取組みでうまくいかなかった要因を整理することなく手法だけを切り替えても、また同じような不具合に至る可能性が大です。手法の問題ではなく、進め方や運用方法に課題・改善点があると考えて、うまく機能していない状況から脱することを考えるべきです。

　本書は、以上のような状況と問題意識を踏まえて、「KPIマネジメントをうまく活用する」ないしは「うまく活用できていない状態から脱する」に焦点をあてています。うまく活用できていない状態に陥る要因を整理するとともに、KPIマネジメントや経営管理の再構築を実現するための着眼点と進め方を示しています。いわば、

図 はじめに .1　KPIマネジメントの本質

1. 連鎖性の向上
2. 見える化の進展
3. 共通言語づくり

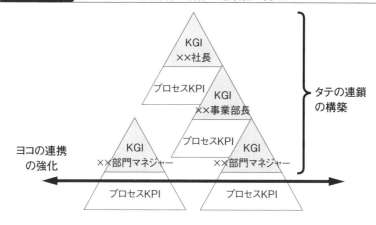

「難所」とその「乗り越え方」です。

*

　前々著『KPIで必ず成果を出す 目標達成の技術』では、「KPIを
うまく活用する組織が成果をあげ続ける」をテーマとしました。
KPIマネジメントの本質やKPIを企業経営に用いるメリットを整理
したうえで、実践する上での基本手順を説明しました。いわば入門
的実務書と位置付けられます。

　また前著『事業計画を実現する KPIマネジメントの実務』では、
実務書としてのレベルを一歩進め、実際にKPIを設定・活用してい
く際の実務マニュアルとして構成しました。具体的には、事業計画
を策定していく際に、KPIを適切に設定し、かつうまくPDCAを回
していくために、「誰が」「いつ」「なにを」行うべきかを記述しま
した。枠組みの全体像とステップについては、図はじめに.3～5を
参照ください。

　本書においても、対象となるのは同じです。事業計画や業務目標
を実現するために、より良いPDCAの仕組みとマネジメントプロ

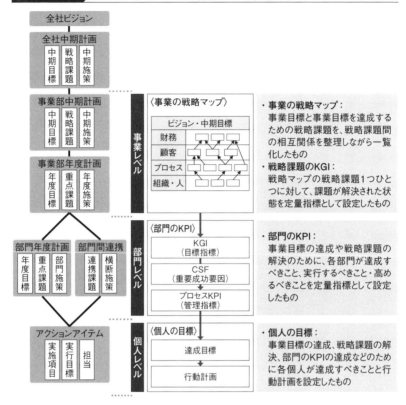

セスを構築していくことを対象とします。

　その上で本書では、KPIマネジメントやそれに類似する経営管理の手法が、うまく活用できない状態に陥ってしまう要因と、そこからの脱却していくためのポイントを整理していきます。前著で示したあるべき「ステップ」と「手順」だけでは表しきれない部分に踏み込んでいると捉えてください。

　既に取組みを進めていて、課題を感じておられる企業にとって、参考にしていただける部分があると考えます。また、これからKPIマネジメントをはじめる企業にとっても、進め方を考える際の留意点として参考にしていただけます。

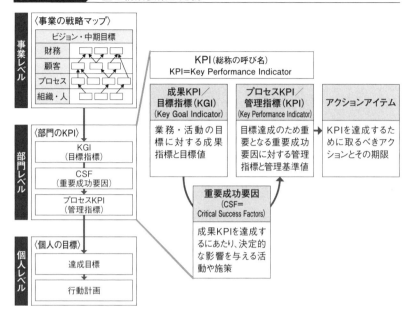

*

構成は以下のとおりです。

第1章では、「PDCAが不調に陥っているサイン」として、KPI
マネジメントを含む経営計画・事業計画のPDCAの仕組みが良く
ないことを示す、いくつかの現象例を示しています。「こうした現
象には注意が必要」というチェックリストになります。皆さんの企
業では、同様の現象が発生していないかを確認してみてください。

第2章、第3章では、「KPIマネジメントをうまく活用できなくな
る要因」として、第1章で例示した現象に陥ってしまう要因を整理
しています。要因を章別に大きく2つに分けて整理しています。

第2章では主に、KPIの設定の側面における要因を中心に整理し
ています。KPIの設定段階の進め方の検討や見直しを行う際の参考

ステップ	概略内容	主な推進者
1.「前」経営計画の総括	・前経営計画の振返り（何ができて、何ができなかったか） ・成果分析、要因分析、次期への課題と環境認識の整理	事業部幹部＋ 経営企画
2. 必達目標と戦略課題の整理（戦略マップの第1版作成）	・重要な必達目標の明確化 ・戦略課題や基本方針が決まっていない事項を整理	事業部幹部＋ 部門管理者
3. 戦略目標（戦略課題のKGI）の設定	・戦略課題がクリアされた姿を考え、戦略課題のKGIを設定 ・戦略課題や部門間連携テーマの主担当部門を設定	事業部幹部＋ 部門管理者
4. 部門のKGI・プロセスKPIの設定	・各部門の主要課題と目標設定対象の整理 ・KGI（成果KPI）・重要成功要因・プロセスKPIの検討・設定	部門管理者＋ 実務キーパーソン
5. 取組みテーマの進め方の検討	・部門間連携、方針要検討、本社への要望などのテーマ整理 ・取組み優先順位と担当部門、達成目標（テーマのKPI）の設定	主要部門の 部門管理者
6. アクションプランの設定	・KGI・プロセスKPIに対するアクションプランを整理 ・KGI・プロセスKPIと各個人の業務目標との関係を整理	部門管理者＋ 部門メンバー
7. 戦略マップの最終化と予算設定	・戦略マップの最終化（トップダウンとボトムアップの融合） ・単年度の予算・資源配分への展開（予算の最終化）	事業部幹部＋ 部門管理者
8. KPIマネジメントの運用ルール・PDCAの回し方の設定	・事業部としてのPDCAの基本方針の設定 ・KPIの進捗共有の方法、調整・意思決定の場と方法の設定	事業部幹部＋ 部門管理者 （＋経営企画）
9. コーポレート部門で対応すべき事項の整理	・各事業の検討内容から全社施策のネタを整理 ・コーポレート部門の取組みテーマとしてテーマのKPIを設定	経営企画＋ コーポレート各部門
10. KPIでPDCAを回す	・KPIを活用したP「DCA」（部門内、部門間・事業部レベル） ・見える化とコミュニケーション、定期的な振返り	部門管理者＋ 部門メンバー

にしていただけるとよいでしょう。

　第3章では主に、KPIの運用・活用（PDCAの「Do-Check-Action」）の側面における要因を中心に整理しています。KPIの活用・運用段階の進め方の検討や見直しを行う際の参考していただけるとよいでしょう。

　また、第2章、第3章ではそれぞれ、KPIマネジメントの進め方に起因する要因とは別に、企業の組織運営・経営管理面の特徴に起因する要因も整理しています。第2章では、経営計画の策定のあり方に関連する要因を、第3章では、企業の組織風土に関連する要因を整理しています。そこで示すような課題がある企業では、KPIマネジメントだけではなく、他の経営管理制度や経営改革への取組みもうまく機能していない可能性があります。その意味では根が深い要因と言えます。

　それらの組織運営・経営管理面の課題を解決するために、KPIマネジメントを導入する企業が増えています。逆説的ですが、「PDCAが不調に陥る要因」そのものが「KPIマネジメントの導入・活用を考える背景」にもなっています。したがって、その要因をしっかり認識することが、うまくKPIマネジメントを活用する、ないしはうまく活用できていない状態から脱する上で大切です。

　第4章では、「KPIマネジメントを再構築するための進め方 8つのポイント」として、第1章〜第3章までの現象面・要因面の整理を踏まえて、KPIマネジメントを強化し、経営管理の再構築を行うための進め方を示しています。「しっかりした会社はこうしている」「KPIマネジメントをうまく活用している会社はこうしている」と捉えてください。再構築（うまく活用できていない状態からの脱却）をテーマにしていますが、新たにKPIマネジメントに取り組む企業にとっても進め方のモデルとして参考にしていただけます。

　第5章では、KPIマネジメントの取組みが、各社においてどのよ

うな背景やニーズで生まれたものかについて、代表的な数社の例を紹介しています。本書は数十社以上のKPIマネジメントの取組み・支援での学びと思索がベースとなっており、第1章〜第4章においても、事例・フレームワークなどを適宜紹介しています。一方、それぞれの取組みには、なぜその取組みが必要とされたのか、どのような目的・狙いからKPIマネジメントが検討されたのかなどの背景があります。第5章では、その点を紹介しています。皆さんの企業・組織での取組みの企画・立案の参考にしていただければと思います。

　また、「不確実性の時代におけるKPI活用法」として、KPIマネジメントに関するトピック的な事項をコラムとして記述しています。合わせて参考にしてください。

＊

　アットストリームでは、事業会社や各種組織・団体において、KPIマネジメントの取組みを数多く支援しています。実践の取組みからの示唆は多く、枠組み・フォーマット・手順はもちろんのこと、実際に進める上での難所や工夫についても多くの学びと蓄積を得ています。KPIマネジメントに継続的かつじっくりと取り組むことは、経営力の強化に必ず繋がると長年の経営コンサルティング活動を通じて確信しています。

　本書では、それらを余すところなく、具体的な留意点や進め方として整理しています。皆さんの今後の経営活動や経営管理業務の一助になれば幸いです。

＊

　本書のコンセプトづくり・企画・発刊に際しては、日本能率協会マネジメントセンターの渡辺敏郎様にたいへんお世話になりまし

た。この場を借りてお礼申しあげます。また、アットストリームコンサルティング株式会社の堀江修太さん、渡邉亘さん、西村直さん、アットストリームパートナーズ合同会社の佐藤史子さんには、コラムの執筆を担当いただきました。株式会社そもそもの赤松範磨様には、コラム「ワクワクするKPI」の考え方について連携・討議させていただきました。この場を借りまして、御礼申しあげます。

2021年6月

株式会社アットストリーム 代表取締役

アットストリームパートナーズ合同会社 代表パートナー

大工舎　宏

Contents

第3章 KPI マネジメントをうまく活用できなくなる要因2
─KPI の運用（Do-Check-Action）の側面─

KPI マネジメントを再構築する ための進め方　8 つのポイント

第**4**章

第5章 **KPIマネジメントの取組みが発足する背景**
―代表事例紹介―

第 **1** 章

PDCAが不調に
陥っているサイン

第 1 章では「PDCA が不調に陥っているサイン」として、KPI マネジメントを含む経営計画・事業計画（以下、経営計画）の PDCA の仕組みが「良くない状況」になっていることを示すいくつかの現象例を紹介します。こうした現象に気がついたら注意が必要というチェックリストになります。

1

PDCAが
不調に陥っている現象例

　図1.1をご覧ください。皆さんの企業で次のようなことが発生していないでしょうか？

「現場の目標はほとんど達成。
しかし、経営目標は未達成」

　たとえば、営業部門の受注や営業活動についての目標、生産現場のコスト・品質・納期に関する目標、業務改善の取組みなどについ

図 1.1 こんなことはありませんか？

・「現場の目標はほとんど達成。しかし、経営目標は未達成」
・逆に、「現場の目標は未達成が多い。しかし経営目標は達成」

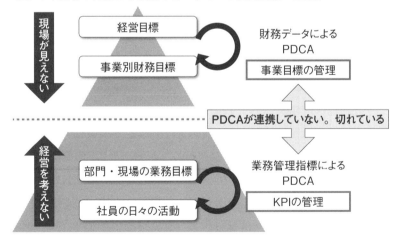

てはおおむね達成できているにもかかわらず、主要事業の財務目標（売上・営業利益・キャッシュフローなど）や財務を中心とする全社の経営目標は達成できていないという状況です。

　各部門は頑張っている、評価されるべきということですから、そうした状況の中で経営目標が達成されていないという事実は経営者としてたいへん困った状況です。

　その要因としては、経営目標・事業別の財務目標を部門・現場の目標に展開する際に、そのつながりが十分に確保されていないということが考えられます。会社によっては、事業別の目標と部門・現場の目標がまったく別々に検討されているようなケースも見受けられます。

　また、指標としては、事業別の財務目標をブレイクダウンする形で部門・現場のKPIとして設定されてはいるものの、その達成水準が事業別の財務目標とリンクしていないというケースもあります。

「現場の目標は未達成が多い。しかし、経営目標は達成」

　逆に、部門・現場の目標管理は未達成の事項が多いにもかかわらず、事業別の財務目標や経営目標は達成できているという場合はないでしょうか？

　結果としては、経営レベル・事業レベルの目標は達成できているという意味で、対株主、対金融機関などの対外的なコミットメントとしては問題ないかもしれません。

　しかし、経営と現場の目標の連鎖という意味では課題があります。なにかの追い風や予期せぬ受注・売上があったことで、たまたま単年度として目標が達成できたのかもしれません。ある部門の大幅なコストダウンが利益目標の達成に寄与したのかもしれません。

また、部門・現場において、KPIの達成水準の設定が高すぎたということもありえます。そうした場合には、達成水準の設定方法を見直すことで連鎖性が向上する可能性はあります。

　一方で、現場の業務目標は達成できていないわけですから、現場レベルでは課題をはらんだ状態だとも考えられます。そのような場合には、経営目標・事業目標が達成できているという事実が、現場の課題に対する認識や危機意識の醸成を先送りしてしまうかもしれません。

　以上の2つの状況は、いずれも経営・事業レベルと部門・現場レベルのPDCAが連携していない、不調に陥っているサインと捉えるべきです。一方、部門・現場レベルではKPIや業務管理指標は設定されています。つまり、KPIマネジメントには取り組んでいても、必ずしも有効に機能していない状況です。

　せっかく取り組んでいるにもかかわらず、経営と現場の目標の連鎖につながっていないわけですから、実にもったいない話しです。このような状況が続くと、「何のためにKPIマネジメントを行っているのか？」という目的が薄れてしまい、取組みが形骸化していくリスクもあります。まさしく、KPIマネジメントの再構築が必要な状況です。

「経営計画がつくりっぱなしでフォローがない」

　次に、経営計画がつくられただけで、その後のフォローがないというケースがあります。「つくった経営計画を次に見るのは、次年度の経営計画をつくるとき」と言われる管理職もいます。つまり、策定した経営計画は、机の中にしまわれているだけという形です。

相応の工数とエネルギーをかけたのですから、これももったいない話しです。

　経営計画はPDCAの「P」にあたりますから、その後の「DCA」において活用されないと意味がありません。経営計画では、「目標」と「目標達成のための課題」と「目標達成・課題解決のための施策」が整理されています。したがって、経営計画の実行管理においては、

・ 施策が適切に進捗しているか

・ 施策の実行による効果は出ているか、課題解決が進んでいるか

・ 結果として経営目標・事業目標は達成できそうか

・ 進捗が芳しくない、目標達成の確度が十分ではない場合、追加の対策をどうするか

ということをフォロー・確認していく必要があります。

　しかし、こうしたフォローが行われず、経営計画「書」が机の中に入ったままになっている企業は意外に数多く見受けられます。経営計画を「つくること」が目的になってしまっていると言わざるをえません。そして、その状況が続くと、経営計画の位置づけは中途半端ないしは形だけのもの、つまり形骸化していってしまいます。

　通常、経営計画においては、経営目標・事業目標と合わせて、部門の目標や施策の目標などの形でKPIに相当するものが設定されています。「当社は経営計画を策定しているし、その中でKPIも設定している」という経営幹部の発言は間違いではありません。しかし、もし経営計画がつくりっぱなしでフォローされていないのであれば、経営計画の実行管理を機能させるための仕組みであるKPIマネジメントも形骸化していると言わざるをえません。

「同じ経営課題が何度も
経営計画にあがっている」

中期計画は、一般的に3〜5年のスパンで策定・見直しが行われることが多いですが、同じ経営課題が何度も経営計画にあがっているケースもよくあります。

たとえば「提案営業の強化・ソリューション営業の強化」といった経営課題・解決テーマが、前回、今回と同じ課題として中期計画にあがっているようなケースです。中期計画に3度、4度と登場し、永年の経営課題となっているようなものもあります。

この現象は、経営課題、すなわち解決すべきテーマとして認識しているにもかかわらず、解決が進んでいないことを意味します。直すべきこと、強化すべきことが改善されていないわけですから、PDCAが有効に機能しているとは言い難い状況です。

なぜこうした状況に陥るのでしょうか。要因の1つとして、それらの経営課題が解決した状態を具体的かつ定量的に示していないことが考えられます。「提案営業の強化」の例でいえば、「提案営業ができている、できるようになった」とは具体的にどういう状態か明確にすべきなのに、定性的な課題としてあいまいなまま放置されているようなことはないでしょうか？

本来であれば、図1.2のように達成状態とそのために強化すべきことが具体的かつ定量的に設定されている必要があります。

皆さんの会社ではいかがでしょうか？　繰返し中期計画や年度計画に登場している経営課題やテーマはないでしょうか？

もしそのような状況があれば、PDCAが不調に陥っているサインと言えます。また、それらの企業がKPIマネジメントに取り組んでいるということであれば、KPIマネジメント自体がうまく機能していない、形骸化している兆候だとも言えます。

図1.2 経営課題が解決された状態を定量的に示す

経営課題・テーマ：「提案営業の強化」		
目標指標（KGI）	重要成功要因（CSF）	管理指標（KPI）
「…サービスを含めた提案に受注件数・受注金額」 「○○業種向けの××サービスの受注件数・受注金額」	・ターゲット顧客の絞り込み ・提案営業ができる人材の強化 ・顧客課題共有から進める営業案件を増やす	「絞り込み完了（○月まで）」 「営業教育・OJTの実施量」 「課題共有ができた顧客候補先数」 「提案型の初期提案件数」

「部門間連携のテーマが放置されたままになっている」

　上記と同じような現象として、部門間連携の課題・テーマが放置されたままで、進捗していないという現象もあります。

・製造・販売の連携による生産計画・在庫管理の最適化

・営業と開発の連携による顧客ニーズに沿った新製品開発の推進

などです。部門間での連携テーマ・課題の推進が必須かつ大きな効果を生み出すことは認識されているにもかかわらず、課題解決に向けた取組みが進まず、結局は各部門が個別最適で動いてしまっていて、全体最適の調整や取組みが行われないということは多くの企業で見られる現象です。

　同じ経営課題が何度も経営計画にあがるケースと同様、部門間連携が進んでいる状態を具体的かつ定量的に示していないということが要因の1つとして想定できます。組織風土的な要因が課題解決を阻害しているケースもあるでしょう。

　各部門ではKPIマネジメントに取り組んでおり、部門の範囲では機能していても、部門間連携の推進が芳しくないという企業もあり

ます。その場合には、部門別の目標を超えた上位の視点から目標達成状態を示すなど、KPIの設定方法を工夫したり、KPIの位置づけを見直したりすることで部門間連携テーマの進みが良くなる場合もあります。

　ただ、いずれにせよ部門間連携テーマが放置されている現象は、PDCAがうまく機能していない兆候として捉える必要があります。

2

達成されない経営計画・実行されない経営計画

1では、経営計画とその達成について、現象面からPDCAが不調に陥っている可能性が高いと考えられる例をあげました。続いて、経営計画の達成・実行について、もう少し深堀してみましょう。

経営計画は、現象面の例にもあるように、計画として策定されているにもかかわらず、「実行されない経営計画」「達成されない経営計画」となってしまっているケースが多く見られます。一方で、着実に経営計画を実行し、成果をあげている企業ももちろん存在します。

その違いとはなにか？　どこにあるのか？　について、各種の経営改善や企業サポートを経験しているアットストリームのコンサルタント数名とともに検討してみました。

図1.3をご覧ください。実行されない・達成されない経営計画となってしまう典型的な原因として考えられる事項を経験から整理したものです。

図1.3は、

・経営計画の位置づけに関すること

・経営計画をつくるプロセス（過程）に関すること

・経営計画の中身に関すること

・策定した後のフォロー・マネジメントの関すること

の4つの区分に整理しています。あてはまる点が多い企業は、経営計画のPDCAが有効に機能していない可能性が高いので、チェックリスト的な観点でご確認ください。

それぞれの項目は相互に関係する原因もありますが、各原因が
もっとも近しいと思われるところに区分しています。

　◎と○の項目は、本書のテーマであるKPIマネジメントに取り組
むことで、その原因による不具合の発生が避けられると考えるもの
です。

　◎の項目は、KPIマネジメントの枠組みそのものが直接的に不具
合発生の回避に寄与するもの、○の項目は、KPIマネジメントへの

図1.3　実行されない経営計画・達成されない経営計画の原因例

経営計画の位置づけに関すること

・つくることが目的になっている
・幹部・管理者がコミットしていない
・組織構成員への認知・浸透が不十分
・立てた目標は必達である・計画はやり切るという意識・認識・風土が薄い

経営計画をつくるプロセス(過程)に関すること

○前年踏襲型。環境分析などの戦略的検討・分析がない
○前回の経営計画における成功・失敗が活かされていない
○目標設定が非現実的（ないしは逆に低すぎる目標設定による弊害）
○目標設定や施策具体化の行い方における課題（トップダウンが過剰ないしはボ
　トムアップのみなど）

経営計画の設定内容に関すること

◎目標を達成する構造（どうすれば経営数字がよくなるのか）が整理されていない
◎目標達成のために何を行うかの具体化が不十分
○実行のための資源・リソースの手当て・裏づけが不十分
○絞込みがない、総花的、あれもこれもになっている

策定した後のフォロー・マネジメントに関すること

◎誰が、何を、いつまでに、が明確になっていない
◎うまくいっている／いっていないがわかる仕組みになっていない
○そもそも経営計画がPDCAサイクルの対象になっていない、誰もフォローしない
○見直し・方向修正するためのきっかけがない、その風土もない

取組み方を工夫することで、不具合の回避に寄与するものとして整理しています。

　以下では、それぞれの区分にあげている原因について、KPIマネジメントの取組みとの関係にも触れながら整理していきます。

経営計画の
設定内容における問題

　1つめの区分は、経営計画の設定内容における問題です。

　代表的なものとして「目標を達成する構造が十分に整理されていない」があげられます。売上・利益などの経営目標・事業目標は掲げられていても、それが十分に展開されていないままで、目標だけが掲げられているような経営計画があります。本来であれば、売上・利益の目標を1段、2段とブレイクダウンし、ブレイクダウンした目標に対してその達成のための重要成功要因や施策を検討していかなければなりません。概略のイメージですが、図表1.4のようなブレイクダウンを行うことが必要です。

　また、目標達成の構造が整理されていないこととも関連しますが、「目標達成のためになにを行うのかの具体化が不十分」という原因もあげられます。目標だけが独り歩きしているようなケースです。

　KPIマネジメントの枠組みで経営計画を設定・展開していく際には、経営目標のブレイクダウン（KGIの検討）を行ったうえで、それぞれのKGIに対しての重要成功要因とKPIを検討していくので、おのずとなにをやるかという具体化は進んでいきます（「はじめに」の図3参照）。

　逆に、なにを行うかという具体化は相応に進んでいても、それを実際に進めるための「資源・リソースの手当て・裏付けが不十分」

図1.4 経営目標のブレイクダウン（収益構造展開）

部品製造業A社の例

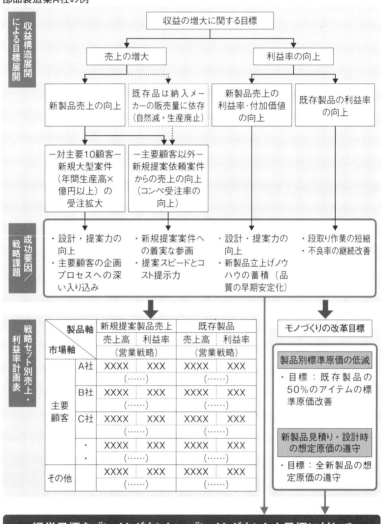

収益構造展開による目標展開

	収益の増大に関する目標

売上の増大 / 利益率の向上

新製品売上の向上 / 既存品は納入メーカーの販売量に依存（自然減・生産廃止） / 新製品売上の利益率・付加価値の向上 / 既存製品の利益率の向上

－対主要10顧客－ 新規大型案件（年間生産高×億円以上）の受注拡大 / －主要顧客以外－ 新規提案依頼案件からの売上の向上（コンペ受注率の向上）

成功要因／戦略課題

・設計・提案力の向上
・主要顧客の企画プロセスへの深い入り込み

・新規提案案件への着実な参画
・提案スピードとコスト提示力

・設計・提案力の向上
・新製品立上げノウハウの蓄積（品質の早期安定化）

・段取り作業の短縮
・不良率の継続改善

戦略セット別売上・利益率計画表

市場軸 ＼ 製品軸		新規提案製品売上		既存製品	
		売上高	利益率	売上高	利益率
		（営業戦略）		（営業戦略）	
主要顧客	A社	XXXX	XXX	XXXX	XXX
		（……）		（……）	
	B社	XXXX	XXX	XXXX	XXX
		（……）		（……）	
	C社	XXXX	XXX	XXXX	XXX
		（……）		（……）	
	・ ・	XXXX	XXX	XXXX	XXX
		（……）		（……）	
その他		XXXX	XXX	XXXX	XXX
		（……）		（……）	

モノづくりの改革目標

製品別標準原価の低減
・目標：既存製品の50％のアイテムの標準原価改善

新製品見積り・設計時の想定原価の遵守
・目標：全新製品の想定原価の遵守

経営目標をブレイクダウンし、ブレイクダウンした目標に対して重要成功要因を検討し、KPIを設定する

という場合もあります。「施策実行のために人員をアサインする」であったり、「投資予算を準備する」などです。また、各部門でやればいいと考えられる施策をあげていくことで結果的に「絞り込みがない、総花的」な経営計画になってしまっている場合もあります。リソース・資源の裏付けがない施策は、結果的に実行されない形になってしまうことが多くなります。

　KPIマネジメントの枠組みで経営計画の策定を進める際には、重要成功要因・KPIの設定と合わせて、その実行計画としてのアクションアイテム（担当部門などの設定含む）までを検討・設定することで、「あれもこれも」になることを避けるように工夫していきます。

策定した後の
フォロー・マネジメントにおける問題

　次に、経営計画を策定した後のフォロー・マネジメントにおける問題です。

　代表的なものとして「誰が、なにを、いつまでに、が明確になっていない」があげられます。目標の展開や重点施策の検討はある程度されていても、その段階で計画策定が終わってしまっているようなケースです。「施策の実行計画を具体化するのは当たり前だ」と思われかもしれませんが、意外とその具体化がないままで止まっているケースは多いものです。当然ながら、実行されない経営計画になってしまうリスクが高くなります。

　また、目標や施策を設定したのはよいのですが、それらが「うまくいっている／いっていない」であったり、「行うべきことができている／できていない」がわかる仕組みになっていないという課題も多く見られます。成果や進捗の良し悪しがタイムリーに把握でき

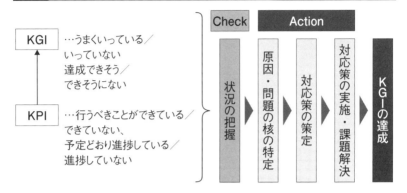

図 1.5 Check － Action と KGI － KPI

KGI …うまくいっている／
いっていない
達成できそう／
できそうにない

KPI …行うべきことができている／
できていない、
予定どおり進捗している／
進捗していない

Check
状況の把握

Action
原因・問題の核の特定
対応策の策定
対応策の実施・課題解決
KGIの達成

ないという状況です。

　KPIマネジメントにおける経営計画のフォローにおいては、KGI・KPIを設定することで、状況の見える化を進めます。また、施策の実行計画の具体化を行うことで「誰が、なにを、いつまでに」があいまいになってしまうことを避ける形で進めます。

　経営計画のフォローについては、計画はつくりっぱなしで、「そもそも経営計画がPDCAサイクルの対象になっていない、誰もフォローしない」というようなケースもあります。意外に思われるかもしれませんが、とくに中期の目標や施策に対してのPDCAが行われないケースは多く見られます。

　また、次年度に向かう際に「経営計画の見直しや方向修正するためのきっかけがない、その風土もない」という点もよく見られます。

　計画どおりに事業が進むケースはマレで事業環境は変化しますから、少なくとも年度単位くらいでの見直し・方向修正の検討は必要です。しかし、その仕組みや風土がない企業では、経営計画は実態と乖離した位置づけになり、結果として達成されない経営計画となってしまいます。

KPIマネジメントにおける経営計画のフォローでは、KGI・KPIの達成状況やその妥当性の見直しを行うなど、振返りの機会を意図的につくることを推奨しています。振返りの取組みには企業によって濃淡が見られますが、そこに時間とエネルギーをかける企業は、KPIマネジメントの浸透も進み、経営計画の実行度・達成度も高まっていきます。

経営計画をつくる
プロセス（過程）における問題

次に、経営計画をつくるプロセス（過程）における問題です。

その代表として「前年踏襲型で計画策定が行われている」ないしは「環境分析などの戦略検討・分析がない」という点があげられます。

事業環境は変化しているにもかかわらず、その変化を加味した前提の見直しや必要な対応の検討を行わないままに計画策定を進めているようなケースです。こうした場合、経営計画自体が事業の実情・実態を踏まえたものにならない可能性が高いので、当初から目標達成が厳しい計画の内容になりがちです。また、事業を推進する幹部・管理者にとって腹落ち感のない計画になってしまうリスクも高くなります。

「前回の経営計画における成功・失敗が活かされていない」というのも上記の前年踏襲型と似た例で、これも多く見受けられます。前回の経営計画の総括・振返りを行わないままに、次年度計画や次期中期計画の策定に向かってしまうようなケースです。通常、経営計画の実行の中には、うまくいった部分とそうでない部分があるはずですから、組織としての「学び」が必要です。そこを欠いた形で作成される経営計画は、結果的に次も未達成の経営計画になりがち

です。

　「目標設定が非現実的」で、目標達成を目指す推進力が生まれてこないというケースもあります。これは、トップダウン型で目標設定が行われるような企業によく起こる現象です。目標設定や施策の具体化の行い方（検討の進め方）は、大きくトップダウン型、ボトムアップ型、双方を折衷した型があります。いずれも長所・短所があります。

　トップダウン型が強すぎると、目標設定が非現実的になったり、現場の実情に沿った戦略・施策の設定が不十分になる傾向があります。

　一方、ボトムアップだけで進めると、目標設定においてストレッチ（より高い目標を目指す）の要素が不足し、事業の競争優位の確立や競合対比の面から低すぎる目標設定となりがちです。施策の企画・検討における戦略性も不十分になってしまい、短期的には経営計画は達成されるかもしれませんが、長い目で見ると競争優位を失い、経営計画の達成力も弱まっていくことにつながります。

　一概には言えませんが、目標設定と施策の具体化においては、トップダウンの要素とボトムアップの要素を相応に組み合わせる（経営レベルと部門・現場レベルでキャッチボールを行う）形で進めるのが妥当と考えます。

　以上であげたようなプロセス（過程）の問題は、KPIマネジメントの枠組みそのものが解決する問題ではありませんが、一方で、KGI・KPIの検討をする際には、これらの問題を避けるような進め方を設計することで、KPIマネジメントとの相乗効果を生むことができます。

　たとえば、目標設定（KGIの設定）の前に外部環境の前提の見直しを行う、目標設定のプロセスを自社に合った形で検討するなどです。

経営計画の
位置づけにおける問題

　最後に、経営計画の位置づけに関する問題です。

　「経営計画を立てることが目的になっている」「幹部・管理者がコミットしていない」「組織構成員への経営計画の認知・浸透が不十分」などはよく散見される現象です。

　これらについては、KPIマネジメントの取組みそのもので解決できるものではありません。その前提となるような点についての課題です。経営計画の策定を開始するにあたって、経営トップ・経営幹部が中心となって位置づけの明確化とその浸透を進めることが必要です。

　また「立てた目標は必達で、計画はやり切るという意識・認識・風土が薄い」という状況の企業もあります。この点も、KPIマネジメントの手法やその進め方というよりも、組織としての風土・慣習の課題です。

　しかし一方で、そのような状況に陥った要因・背景には、先にあげた3つの区分（経営計画の設定内容、策定後のフォロー、策定プロセス）における問題が影響しているケースも多いものです。その意味で、経営計画の位置づけの見直しとともに、3つの区分における問題点の有無も合わせて検証する必要があります。

3

KPIマネジメントで
よく見られる課題

　最後に、KPIマネジメントに取り組んでいる企業に多く見られる
課題について触れておきます。

　図1.6を参照ください。KPIマネジメントに取り組んでいる企業
が抱える課題や、よく聞かれる課題認識の代表的なものをまとめた
ものです。

　「KPIが乱立してしまい、なにを見てよいかわからない」「KPIは
設定されているが、断片的に活用されているだけ」「現場ではさま
ざまなデータを収集し、データ集計作業に忙殺されているが、分析
などに活用されていない」「経営層と現場が、同じ数字で会話のや
り取りができていない」などが、その中でもよく聞かれる課題認識
です。

　これらの課題や、うまく活用できていないという状況がなぜ発生
するのか、それらをどのように解決していけばよいかについては、
第2章以降で順次整理していきますが、皆さんの企業でも同様の状
況に陥っていないかについて、まずは確認してみてください。

*

　以上、第1章では、KPIマネジメントを含む経営計画・事業計画
のPDCAの仕組みが「良くない状況」に陥っていることを示すい
くつかの現象例を整理しました。

　本来KPIマネジメントは、経営計画のPDCAや業務の改革目標
の実現をサポートするための手法であり、大いに役立つものであり

図1.6 KPIマネジメントにおいて多く見られる課題

共通言語化
経営層と現場が同じ数字で会話できていない

管理プロセスの整流化
KPIは設定されているが、断片的に報告しているだけでPDCAが回っていない

データの集計の効率化
データの集計作業に忙殺されて、分析やアクション検討が不十分

KPIの再整理
社内にKPIが乱立して過剰管理になっている

データの一元管理・見える化
データが統合的に管理されておらず、目標の達成状況が簡単に俯瞰できない

新たな管理軸・指標の追加対応
SDGsなど新たな管理ニーズに、システムやプロセスが追い付かない

リスクマネジメント強化
災害や新型コロナ影響などにより、迅速な実態把握が求められるがデータが集まらない

ます。

　一方で、最後に触れたように、そのKPIマネジメントに取り組む中でうまく活用できていないという課題認識を持っておられる企業が多いことも事実です。

　以降では、第1章で整理した現象面の課題を念頭に置きながら、
第2章・第3章：KPIマネジメントをうまく活用できていない場合の要因はどこにあるか
第4章：KPIマネジメントを再構築し、有効に活用していくための実践方法はどうあるべきか
の順で整理していきます。

ビジョンをKPIでマネジメントする①

ワクワクするKPI ―象徴的変化に対してKPIを設定する―

　本書を含めて、多くのKPI関連書籍では、「事業目標や業務改革目標を達成するために、どのようにKPIを設定し、活用すればよいか」に焦点をあてています。いわば、「事業目標を頂点とするKPI」です。

　事業目標、とくに財務目標については、その達成のための構造を各部門の目標・施策に落とし込む必要があります。そのために、事業目標が成り立つための条件をKPIで展開するのです。もちろんこれは、経営管理の仕組みとして必要です。

> 図1　事業目標を頂点としたKPI（イメージ例）

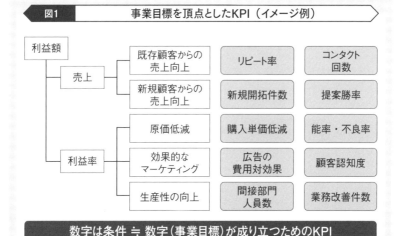

利益額				
	売上	既存顧客からの売上向上	リピート率	コンタクト回数
		新規顧客からの売上向上	新規開拓件数	提案勝率
	利益率	原価低減	購入単価低減	能率・不良率
		効果的なマーケティング	広告の費用対効果	顧客認知度
		生産性の向上	間接部門人員数	業務改善件数

数字は条件 ≒ 数字（事業目標）が成り立つためのKPI

　一方、事業目標を頂点としたKPIは、ややもするとコントロール指向として設定されてしまい、部門責任者をはじめとする管理者は、「消極的納得」として受け止めてしまいがちです。そして、そうならないための実践上のポイントを示すことが本書のテーマの１つです。

　そこで、「ミッション・ビジョンを頂点としたKPI」を加えていきます。事業目標の上位にあるミッション（存在意義）やビジョン（ありたい姿）を起点に、これらを実現していることを示す「象徴的変化」を整理し、象徴的変化を生み出すための施策とKPIを設定していくというものです。

　事業目標を頂点としたKPIのように、目標・計画が成り立つかという側面は必ずしも含まれていませんが、存在意義やありたい姿を起点とする検討を通じて、従業員にとっては共感指向を生み出しやすくなります。いわば、「ワクワクするKPI」と呼べるものです。

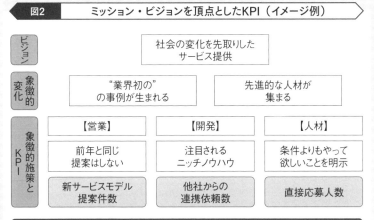

図2　ミッション・ビジョンを頂点としたKPI（イメージ例）

ビジョン	社会の変化を先取りしたサービス提供		
象徴的変化	"業界初の"の事例が生まれる		先進的な人材が集まる
象徴的施策とKPI	【営業】前年と同じ提案はしない　新サービスモデル提案件数	【開発】注目されるニッチノウハウ　他社からの連携依頼数	【人材】条件よりもやって欲しいことを明示　直接応募人数

ミッション・ビジョンとつながる施策が誘発され、その効果が見える

　「事業目標を頂点としたKPI」と「ミッション・ビジョンを頂点としたKPI」、実際にはそれぞれ別々の取組みとなることが多いように思いますが、理想的には図3のような形で進めることができるとよいでしょう。

① 最初に「ミッション・ビジョンを頂点としたKPI」を検討・整理する（ミッション・ビジョンを起点に、つくり出すべき象徴的な変化や現象を設定し、そのために必要な象徴的施

策とKPIを具体化する）

② その後に「事業目標を頂点としたKPI」を検討・整理する
（事業が成り立つための条件として、売上・顧客開拓目標や
投資・費用計画などを検討する）

図3	KPI検討の理想的なステップ

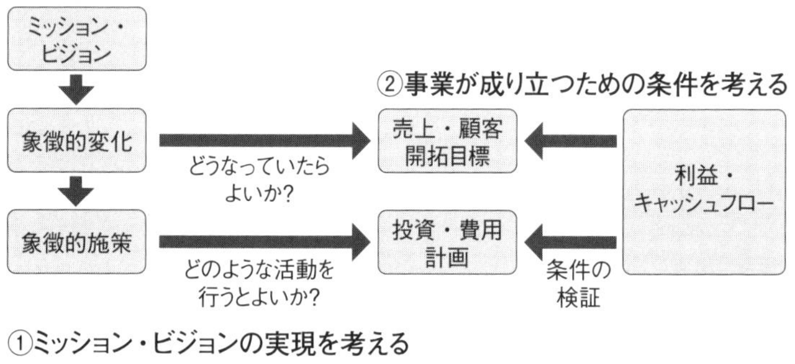

ミッション・
ビジョン
↓
象徴的変化 → どうなっていたら
よいか？
↓
象徴的施策 → どのような活動を
行うとよいか？

②**事業が成り立つための条件を考える**

売上・顧客
開拓目標 ← 利益・
キャッシュフロー

投資・費用
計画 ← 条件の
検証

①**ミッション・ビジョンの実現を考える**

図4	KPIマネジメントの「今まで」と「これから」

今まで （事業目標頂点のKPI）	これから （ミッション・ビジョンを付加したKPI）
対前年比??%増 イメージできない売上目標	増やしたい顧客・増やしたい 受注がイメージできる目標
前年踏襲型の費用予算・ マーケティング予算	象徴的施策を行うための 費用検討・見直し
経費節減・無駄の削減	価値・効果を生むにフォーカス・ 無駄は自ずと省かれる
つくられる事業計画・ 与えられたKPI（管理ツール）	実現したい事業計画・ つくり出すKPI（促進ツール）
コントロール指向 消極的納得	共感指向 ワクワク

ミッション・ビジョンがすべてを誘発する

　図4は、KPIマネジメントの「今まで」と「これから」を整
理したものです。コントロール指向の「つくらされる事業計

画・与えられたKPI」から、共感指向の「実現したい事業計画・つくり出すKPI」になっていくことをより一層目指すべきです。

第 **2** 章

KPIマネジメントを
うまく活用できなくなる要因 1
—KPI の設定（Plan）の側面—

　第2章、第3章では「なぜKPI マネジメントをうまく活用できなくなるのか？」として、第1章で例示したような現象に陥ってしまう要因を整理していきます。本来、経営計画の達成と実行管理に有効なマネジメント手法であるはずのKPI マネジメントが、うまく機能しなくなる要因はどこにあるのかを整理します。第2章では主に、KPI の設定、ないしは経営計画の策定（Plan）の側面における要因を中心に整理しています。

1

KPIの一般的な
活用場面

　要因の整理に入る前に、「一般的にKPIはどのような目的で活用されているか」「どのような場面で活用されているか」を整理します。

　図2.1をご覧ください。経営計画の達成管理・実行管理での活用における基本構造を示しています。

図2.1 経営計画の達成管理・実行管理でのKPI活用における基本構造

企業全体ないしは事業単位レベルと部門レベルをKPIを用いて連結

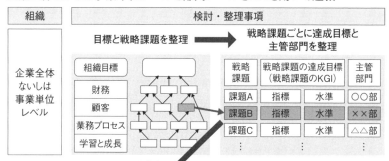

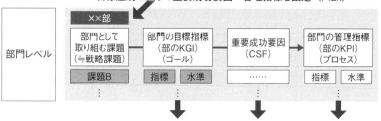

重要プロセスの実行と目標の達成を仮説・検証型で推進・管理
(Do-Check-Action)

経営計画の達成管理・実行管理での活用

　企業全体（複数の事業単位がある場合は事業単位）での目標と目標達成のための戦略課題を整理するとともに、それぞれの戦略課題ごとに達成目標と主管部門を整理します。ここまでが、経営レベルないし事業単位の本部レベル（事業企画など）での整理です。

　それぞれの戦略課題の主管部門は、戦略課題を部門として取り組む課題に展開し、部門の目標指標を設定するとともに、目標達成のための重要成功要因の検討と、管理指標の設定を行います。これが部門レベルでの整理です。

　会社の組織体制・事業内容によって経営管理の体系は異なってきますが、基本形は上記と図2.1の形になります。

　KPIを活用したPDCAという面では、「経営レベルの戦略課題」と「戦略課題の達成目標」がPDCAにおける連結の対象となります（図2.1の上部）。そしてそれぞれの部門内では、「部門の目標指標とその達成のための管理指標」が部門内でのPDCAでの対象となります（図2.1の下部）。

　したがって、KPIマネジメントにおける見える化とPDCAのプロセスも、「経営レベルのPDCA」と「部門内のPDCA」のそれぞれに対して設計を行います。

　実務的な手順については、拙著『事業計画を実現するKPIマネジメントの実務』（日本能率協会マネジメントセンター）を参考にしてください。

各種業務の管理における活用（製造・営業・開発など）

　次に、各種業務の管理における活用があります。経営計画の達成管理・実行管理でいえば、部門レベルでの管理における活用と位置付けられます。製造・営業・開発などの部門ないしは機能の管理におけるKPI活用と捉えるとよいでしょう。製造と営業について、それぞれ例をあげて見ていきます。

≫製造部門の例

　図2.2～図2.4をご覧ください。製造部門におけるKPI活用イメー

図2.2	製造におけるKPI活用イメージ例① 財務の経営成果と製造部門の指標をリンクさせる

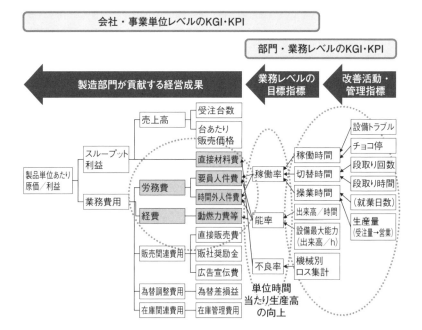

ジの例をあげています。

　図2.2は、財務の経営成果と製造部門のKGI・KPIのリンクについての例です。稼働率・能率・不良率という製造部門の業務レベルの目標指標は、単位時間当たりの生産高の向上という製造部門の成果につながるともに、製品原価における単位製品あたりの労務費・経費の低減（利益の向上）につながります。

　一方、稼働率・能率・不良率を改善するための要素や改善対象を明確にしていくことで、管理指標（KPI）が設定されます（チョコ停・段取時間など）。

| 図 2.3 | 製造におけるKPI活用イメージ例②
戦略マップによる改革ストーリーの整理とKPIによる目標設定 |

勝つストーリーを組織で共有し、目標水準を数値化する

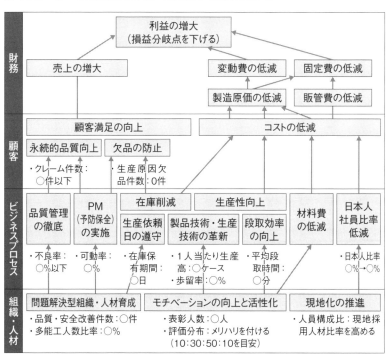

当たり前の構造整理に見えるかもしれませんが、この例で示したような部門・業務レベルのKGI・KPIと、会社・事業単位レベルのKGI・KPI（財務の経営成果）とのリンクが不十分であるケースは意外と多いものです。

図2.3は、「製造部門全体の改革ストーリー」と「改革を実現するためのKPI」として整理した例です。図2.2の例をさらに発展させたものとして捉えていただくとよいでしょう。

財務の成果と顧客満足の向上のための達成すべきことを成果・結

図2.4 製造におけるKPI活用イメージ例③
工場別KPI管理による成果とプロセスの見える化

	目標	実績			
		A工場	B工場	C工場	D工場
財務					
工場ROA（%）	8.5	8.1	8.6	−0.5	4.7
コストダウン率（%）	10	10	11	−5	6
総資産回転率（回転）	2.8	2.5	2.8	2.5	2.2
顧客					
クレーム件数	1	0	3	1	1
生産原因欠品件数	0	0	0	1	0
ケース当たり製造コスト（円）	1,585	1,590	1,577	1,704	1,659
ビジネスプロセス					
不良率（%）	0.08	0.07	0.1	1.56	0.35
稼働率（%）	95	95	94	82	92
可動率（%）	92	92	91	74	87
歩留率（%）	99.5	99.6	99.2	93.8	99.1
在庫保有期間（日）	12	18	12	11	21
1人当たり生産高（ケース／月）	1,220	1,225	1,200	1,082	1,206
平均段取時間（分）	15	14	15	21	17
ボトルネック工程のスループット（ケース／台・時間）	265	255	263	233	265
学習と成長					
品質・安全改善件数	3	2	1	0	3
多能工人数比率	20	22	16	15	15
人員構成比（正社員：契約社員：パートの百分比）	30:20:50	33:21:46	38:10:52	25:20:55	45:0:55
評価分布（A：B：C：Dの百分比）	10:30:50:10	15:30:51:4	5:40:50:5	6:27:57:10	11:31:52:6
表彰人数	2	2	1	0	1

果の指標と位置づけ、そのために、ビジネスプロセスと組織・人材における戦略課題を整理し、それぞれにKPIを設定しています。

改革のストーリーを製造部門のメンバーと共有するとともに、それがうまくいっている／いっていないを把握するためのものとして戦略課題とKPIが設定され、各現場業務では、KPIの達成を目指します。部門全体で取り組むべきことの全体像と目標を共有することに有効な取組みの枠組みです。

図2.4は、工場間で同じKPIを設定して、工場間で改善状況を競いながら取り組んでいる例です。同種の製品を複数の工場で製造している事業で、改善活動を活性化させることに有効です。

図2.4の枠組みで取り組むにあたっては、各工場における指標（稼働率・歩留率など）の定義や算式を統一すること、実績データの収集のプロセスやタイミングの足並みを揃えることで苦労するケースが多いようです。逆にいえば、KPIに取り組むことによって、定義やデータ収集プロセスなどを整えるきっかけにもなるということです。

続いて、営業部門の例を見ていきましょう。図2.5〜図2.7をご覧ください。

≫営業部門の例

図2.5は、ある企業における営業改革の取組みのコンセプトを整理したものです。従来その企業では、属人的な営業スキルに依存した営業管理に頼っていました。営業の目標設定も各拠点の担当者任せであり、目標を達成するための営業プロセスの管理などは組織的には行わず、それぞれの営業拠点に任されていました。当然ながら、その進め方にはかなりのバラツキがありました。

こうした中で大きな成果をあげる営業担当者もいて、属人的な営業スキルに依存するスタイルもマイナス面ばかりではありませんで

したが、さらなる営業体制の拡大を図る上では、組織的な営業管理へと移行していく必要性を認識していました。そこで掲げたのが、図2.5の枠組みです。

全体のコンセプトは「科学的管理で勝つ」です。目標設定においては、従来重視していなかったマーケティング分析を取り入れ、どの市場や顧客・チャネルをより重点的にねらうべきか、競合状況などから目標設定を一定の理由・想定と合わせて行うようにしていきました。

もう1つの取組みは、営業プロセス管理の強化です。KGI － CSF － KPIの考え方を営業領域に取り入れ、重要な営業プロセス・活動を想定し、さらに強化すべき組織体制・仕組みにおける取組み課題を設定しました。そしてそれらの重要活動や課題に対する取組みや改善状況をKPIでマネジメントする枠組みを構築していきました。

従来は、ややもすると個人や営業の上級管理職の意見や感覚のみで営業状況が判断され、営業施策が指示されてしまうことが散見されていました。意見・感覚を否定するものではないのですが、成果につながる重要活動の取組み状況と成果との関係を「データ」で見

図2.5 営業におけるKPI活用イメージ例① 全体の枠組み

～「科学的管理で勝つ営業への変革」の取り組み全体像～

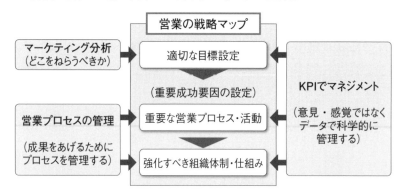

ていくことを重視するように変えていきました。そのために、各営業拠点の拠点長のKPI活用を含むマネジメントスキルの向上や、意識変革への働きかけと合わせて取り組みました。

図2.6はその取組みの中で整理した営業部門の戦略マップからの部分抜粋です。図2.5で示した「目標―重要な営業プロセス―強化すべき組織体制・仕組み」の関係を戦略マップの形で整理しています。戦略マップの段階では、戦略課題や取組みの方向性は定性的な記述として整理しています。戦略マップで整理した1つひとつの戦略課題に対してやるべきこと、高めるべきこととしてKPIを設定していきます。

指標としてのKPIを設定・整理したイメージが図2.7です。この企業の取組みでは「KPIスコアカード」と呼ばれていました。各営業組織・チームにおいて達成すべき成果と重要活動をできるだけ指

図2.6 営業におけるKPI活用イメージ例②　営業強化の戦略マップ

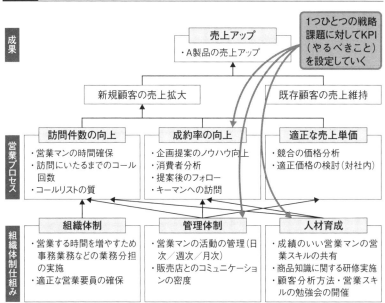

標化して、その達成状況と遂行状況の見える化を進めていきました。図2.4の工場間比較のケースと同様に、営業拠点間の比較も徐々に進めていきました。

製造部門、営業部門での例を示しましたが、他の部門・機能でも同様に、部門として達成すべき目標、その達成のための重要成功要

図 2.7 営業におけるKPI活用イメージ例③
KPIスコアカードによるチームの成果と重要活動の管理

視点	戦略／戦略課題	指標	目標達成水準 本年上期	目標達成水準 本年下期	グループリーダー	チームリーダー	営業マン○○	営業マン○○	営業マン○○	営業マン○○
成果	■売上目標の達成	売上金額（純売り）	○百万円	○百万円						
	■営業利益の確保	営業利益額	○百万円	○百万円						
	■戦略ストアの売上拡大	戦略ストアの売上金額	○百万円	○百万円						
	■戦略チャネルの売上拡大	戦略チャネルの売上金額	○百万円	○百万円						
	■新規チャネルの売上拡大	新規チャネルの売上金額	○百万円	○百万円						
	■新製品の売上拡大	新製品の売上金額（当年＋前年発売）	○百万円	○百万円						
	■売上総利益率の向上	特価率の改善	○%	○%						
	■債権保全率	‥ランク店債権保全率 改善	○%	○%						
営業プロセス	■市場から見た商品戦略の立案	チャネル対応の商品戦略立案	○件	○件						
	■商品拡販のための施策立案・実行	他部との販促立案・実施	3件	3件						
	■営業品質の向上	企画提案チェック率（対新規顧客）	○%	○%						
		消費者分析率	○%	○%						
	■コールリストの見直し	コールリストの見直し回数	1回／2週間	1回／2週間						
	■新規チャネルの獲得	新規チャネルの成約数	戦略立案1件	成約○件						
		訪問件数	○件	○件						
	■与信管理の徹底	‥ランク店の保全計画立案								
	■業務のアウトソーシング	受注センターの移管実行	計画	実行						
	■収支構造の見直し	リベート政策の現状把握・政策立案	現状把握	政策立案						
		販売価格体系の見直し								
組織体制・仕組み	■顧客分析スキルの向上	売れる仕組み提案：マネジメントが認める提案案件	○件	○件						
		営業提案勉強会の実施	○件	○件						
	■コミュニケーションスキルの向上	外部講習会の受講	講習会準備	受講○人						
	■商品知識の向上	商品勉強会の実施	○回	○回						
	■財務分析能力の向上	‥‥ファイナンス・アカウント500点以上	○人	○人						
	■営業マン適正要員の確保	営業マン人数	○人	○人						

戦略から落とし込んだKPI

KPIの達成・実行の責任者

戦略目標（戦略課題に対するKPI）

KPIの目標値

どのKPIにの達成・遂行に責任を持つかを明確にする

因を整理していくことで、部門レベルのKGI・KPIを設定し、目標と活動の管理のベースをつくることができます。

◆**活用場面3**▶

経営ダッシュボードとしての活用

　最後に、経営ダッシュボードとしての活用をあげます。ダッシュボードとは、自動車や飛行機の計器盤（運転・操作に必要な情報・データが集められたもの）をイメージください。そこから転じて、経営ダッシュボードは、企業の経営管理に必要な情報・データを抽出して、利用者（経営者・管理者）にとって利用しやすい形で表示したものです。

　経営ダッシュボードにどのような内容を表示するかは活用の目的次第となります。たとえば、経営計画・業務計画における目標や施策の達成状況・進捗状況などの把握・管理などです。当然ながら、経営ダッシュボードに表示される対象はKGIやKPIが主となります。

　図2.8をご覧ください。経営計画などの実行管理の目的に対して、弊社が考えているKPIマネジメントシステムのプラットフォームのイメージを示しています。図にある「KPI統合データ」をもとに、組織の各階層における管理ニーズに応じて、目標・実績・見込みなどの情報を経営ダッシュボードとして表示しています。

　データの更新頻度や表示対象は、計画の対象期間などによっても異なってきます。図2.9をご覧ください。経営ダッシュボードなどによるKPIの見える化のイメージの一例です。

　図に「当期」「中期」「長期」とあるのは、計画の対象期間によって、マネジメントツールで見せる項目や更新の頻度が異なってくることを示しています。

「当期」においては、今期の単年度の目標に対する予算・実績・見込みとともに、その達成のための重要施策の実行状況や効果などを示します。

　一方「中期」では、中期計画において戦略課題となっている事項の状況や、中期の戦略課題に対応する施策の実行状況や効果などを示していく形になります。

　また、経営計画や業務計画の達成管理以外の目的を含める形で経営ダッシュボードを設計することもあります。たとえば、事業に関連する重要な外部環境に関する情報・データを、各種の状況判断のための情報として表示するケースです。為替・材料・株価などの市況、事業を行っている主要地域での社会情勢・変化、競合他社の動向に関する情報などです。「経営計画の達成状況の良否を判断するための必要な外部環境情報はなにか」という観点から設計を行って

図2.8　KPIマネジメントプラットフォームのイメージ

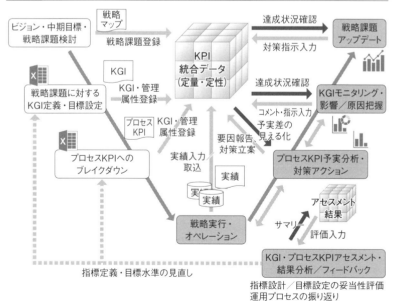

いきます。

　また、経営計画や業務計画の達成管理で用いるKGI・KPIではありませんが、業務上把握できるデータのうち、業務状況などの変化の予兆や兆候を示す指標を過去の経験などから設定し、経営ダッシュボードないしは業務管理のためのデータとして表示していくような活用方法もあります。KPIが、計画や目標の達成管理を目的とするのに対して、予兆管理の目的から把握・表示する指標・データは、メトリクス（metrics）というように区分して整理するケースもあります。

図2.9　KPIマネジメントツールによる見える化のイメージ例

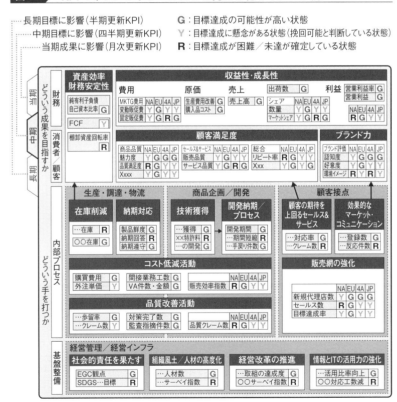

KPIマネジメントの運用を支える仕組み①

KPI管理のシステム化

　KPIマネジメントにおいては、財務会計・管理会計だけでなく、生産・販売・人事といった非会計分野のデータも含め、多様なデータを統合的に取り扱う必要があります。ここでいう「多様なデータ」とは、データの管理軸、階層・粒度、コード定義、保有システム、入力運用などが異なるデータを意味します。KPIマネジメントを統合的に支えるシステムには、これらのデータを効率よく収集し、一元的に管理して、効果的に可視化することが求められます。

図1	KPIマネジメントの運用を支える仕組み

KPIマネジメント運用ツールの基本要件

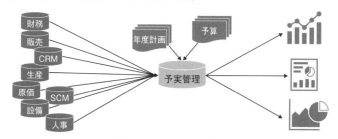

①多様な構造の データを集める	②一元管理と多様な データ集計	③自由度の高い レポーティング
・管理軸が異なる ・階層・粒度が異なる ・コード定義が異なる ・集計方法が異なる ・システムが異なる ・データ提供元の拠点・ 　組織が多い	・期間別（年、Q、月、…） ・拠点別>部署別>人別 ・地域別>国別>顧客別 ・事業別>製品別>品番別 ・案件別、プロジェクト別	・現場のモニタリング ・定型レポート、報告書 ・非定型レポート、データ分析 ・ダッシュボード ・アクセス権の制御

　こうしたシステム化要求に対するソリューションとして、一般的にはBI（Business Intelligence）やCPM（Corporate Performance

Management）/EPM（Enterprise Performance Management）といったソフトウェアやクラウドサービスがあります。図2のとおり、それぞれのソリューションで一長一短があり、1つの製品で統合的にKPI管理を支えるのは至難の業といえます。しかし、最近ではBIとCPM/EPMを組み合わせたようなAll in oneのソリューションが登場してきたこともあり、弊社でも2章で紹介したKPIマネジメントプラットフォームとその導入サービスの提供を進めています。

図2	よくあるソリューションとその特徴・課題	
ソリューション	主な特徴	よくある課題
BI （BIツール）	・クロス集計やグラフ等を用いた定型・非定型のレポーティングが可能 ・ビジュアル性が高い ・安価なSaaS製品も登場	・データの更新ができないため、プランニングやシミュレーションには使えない ・統合的なデータベース・データマートの構築が困難でBIの価値が上がらない ・社内にBIが乱立してしまう
CPM/ EPM	・プランニング（計画値入力）、実績の取込、レポーティングが可能 ・計画シミュレーションや複数シナリオ比較が可能	・ビジュアル性があまり高くない ・非会計データを扱うと集計ロジックが複雑になり、導入コストが増大
All in one	・BIのビジュアル性とCPMのプランニング機能を合わせた製品	・できることが多すぎて、要件がなかなか確定しない

BI … Business Intelligence（BIツールとも呼ばれる）
CPM … Corporate Performance Management 〕 EPMとCPMは同義。Planningや
EPM … Enterprise Performance Management 〕 Analyticsと呼ばれることもある

　しかし、どれだけ高機能なソリューションを手に入れても、導入のアプローチやシステム全体の設計思想が的確でなければ、よいシステムは構築できません。KPI管理のシステムを構築する上で心掛けるべきポイントは以下のとおりです。

KPI管理のシステムを構築する上でのポイント

● データ間をムリにつなげようとしない
● データの精度にこだわりすぎない
● 扱うデータを欲ばりすぎない（明細データ、古いデータな

ど）

- できるところから始めて、段階的に拡張していく
- 机上での要件定義はそこそこに、早い段階でデモやプロトタイプを行う
- 指標の追加や分析軸の変更をはじめから想定して、モデル設計を行う
- 単なる見える化ではなく、KPI管理プロセス全体をシステムに載せる

KPI管理において、あらゆるデータを俯瞰的に見ることは必要ですが、重要なのは「プロセスKPIはすべて目標達成しているのに、KGIは目標未達」といった事象を捉えられることなので、必ずしも各データが数式的にガチガチに関連づけされている必要はありません。緩やかなつながりでよいはずです。また、KPIはあくまで管理目的の数値なので、状況判断や意思決定を誤らないレベルの精度でよく、財務会計のような精緻さを求める必要はありません。明細などの大量データや何年も前の古いデータなど、あれもこれもと欲ばるとシステム化を難しくする要因となるので、必要なレベル感を見極めることが大切です。

KPI管理では、前述のように多種多様なデータを取り扱う必要がありますが、すべてのデータ整備や管理プロセスの確立を待っていては、いつまで経ってもシステム化に着手できません。メドが立ったところから、もしくはできるところからシステムに載せていく、段階的なアプローチをお勧めします。また、基幹系のような定常業務のシステムでは、機能ごとの要件定義を行った上で開発に移りますが、KPIマネジメントのような管理系は業務自体が軟らかく、そもそもシステムを使い始める前に机上で要件を決めることにムリがあります。早い段階か

らデモ画面やプロトタイプを使って、「システムを触りながら」データモデルや機能を確立していくアジャイル的なアプローチが適しています。

　KPI管理のシステムというと、達成状況のモニタリングなどの「見える化」をイメージしがちですが、単に見える化だけをシステムで実現しても効果的ではありません。KPIの設定、目標値設定、実績収集・モニタリング、分析、アクション管理、部門間コミュニケーション、KPI設計のアセスメント・見直しといった一連のプロセスを同じシステムの上で行えることが、KPIマネジメントの運用を支えるシステムの目指す姿であり、KPI管理を形骸化させずに定着・進化させる1つの成功要因です。

　こうした思想を具現化したものが、第2章の図2.8（KPIマネジメントプラットフォーム）です。

2

うまく活用できなくなる 要因

ここまで紹介したKPIの活用場面を踏まえて、本来はマネジメントの質を高めるはずのKPIマネジメントが、うまく活用できない状況に陥ってしまう要因を整理していきます。

ここでは、主にKPIの設定の側面、すなわちPlan（設定・計画）の側面における要因を中心に、第3章ではKPIの運用・活用の側面における要因を整理します。

目的・位置づけが不明確

最初は、KPIマネジメントに取り組む目的・位置づけが不明確であるという要因です。つまり「何のためにKPIマネジメントに取り組むのか？」という点が組織として明確になっていない、ないしはそれが組織内に十分には浸透していないという状況です。

この要因には、大きく2つのパターンがあります。

1つは「目的・位置づけが具体化していない、曖昧なままである」という状況、もう1つは「目的がいくつもあがってしまい、真の目的は何かが不明確である」状況です。あれもこれもという状態です。

単純に整理すると、前者は「目的がない・未設定」、後者は「目的が多すぎる・ありすぎる」と捉えればいいでしょう。

では、それぞれの具体的な状況や、それが引き起こす現象を順に

見ていきましょう。

» 「KPIマネジメントに取り組む目的がない・未設定」という ケース

　経営者・経営幹部から、とりあえず「他社でも取り組んでいる KPIマネジメントとやらを自社でも導入しなさい」とか「当社の経営管理は、これまで定性的な管理に寄っていて具体性がなかった。もっと指標を使って定量的な管理を取り組むべきだ。その考え方として KPIマネジメントという手法がある」というような指示が出されたようなケースです。

　ただ、その指示には必ずしも具体性がなく、「何に対して KPIを設定・管理したいのか」「自社の経営管理面の真の課題は何か（KPI・見える化の問題なのか、マネジメントの行い方の問題なのかなど）」を踏まえた指示ではなかったりするケースが多いように感じます。

　そうした場合、指示を受けた経営企画・経営管理の経営幹部・部長が、目的・位置づけを明確にすればよいのですが、経営者・トップからの指示ではそうしたステップを踏むことも難しく、「見よう・見まね」や「想像」で KPIマネジメントをスタートさせてしまうという形になりがちです。

　当然ながら、目的・位置づけがはっきりしていないので、KPI設定の対象や KPI設定のレベル感にバラツキが出がちです。また、実際に KPIを設定・管理する部門長にとっても、腹落ち感があるとは言い難い状態になることが多くなります。

　それでも、経営者・経営幹部が KPIマネジメントに継続的に関心と意欲を示し続けていると、目的・位置づけや、自社の事業と管理レベルに合った取組み方が徐々に整理されてきます。しかし、一過性・思い付き的な指示ならば、それもかないません。結果的に、

KPIへの取組みが形骸化していくという形になってしまいます。

　本章の前半で、KPIマネジメントが一般的にどのような目的で活用されているかという点を整理しました。目的・位置づけが具体的でない形で取組みの指示だけが下りてきたような場合には、まずは、一般的な活用目的を例として提示し、「当社の取組みはこの中でいえばどれに近いのか？　これ以外の目的があるとすればどのような目的か？」という点について、経営者・経営幹部間でしっかりと認識を合わせることが非常に大切です。

»「KPIマネジメントに取り組む目的が多すぎる・ありすぎる」というケース

　これは、検討するうちに「あれもこれも目的にしよう」というように拡がっていってしまうケースです。KPIマネジメントは「定量化・見える化」を行って、PDCAのレベルを高めていく効果を持った手法ですが、その効果をさまざまな側面で得ようと欲張りになってしまうような状態です。

　たとえば、もともとのきっかけは「事業計画の管理のレベルアップを図るため」であったのに、「合わせて、製造・営業・開発などの現場業務の管理にも使おう」「目標・施策の達成の管理だけでなく、事業機会・ビジネスチャンスの予兆の把握や、現場業務の良い傾向・悪い傾向を先行把握しよう」というような目的が加わってくるようなケースです。「事業計画の管理の目的で設定するKPIを、個人の人事評価などにも用いよう」というような拡がりで検討されるケースも多いようです。

　目的を拡げて捉えること自体や、KPIマネジメントの機能・効能を活用して、異なる目的をすべてカバーするように検討・設計していくこと自体は、決してまずいことではありません。KPIマネジメントという手法は、それだけ幅広い活用範囲がある手法だといえま

す。

　一方で、複数の目的を合わせて取り組む場合は、それぞれの目的
別に、あたかも別々の取組みであるように、「目的・位置づけ」
「KPIの設定対象と粒度」「活用場面・活用プロセス」「KPIマネジ
メントをサポートする仕組み」などを検討していくことが肝要で
す。結果的に共通化できるところは出てくるのですが、まずは別の
ものとして整理していくべきです。

　目的が拡がりすぎている場合は、「これもKPIの取組みでカバー
している」「あれもKPIの取組みでカバーしている」というよう
に、KPIマネジメントをあたかも万能薬のように位置づけてしま
い、「これだけの範囲で取り組んでいるのだから、きっとよい効果
が出るはずだ」という幻想に陥っていることが多いようです。

　ただ、実際には、設定しているKPIがどの目的に対応するのかが
整理されていなかったり、目的に対してKPIの粒度や対象組織が適
合していなかったりという不具合が発生しがちで、各部門の管理者
にとっても、いまひとつしっくりいかない、納得感のない指標・目
標が設定される形になりがちです。こうなると、「さまざまな目的
と期待」を盛り込んでスタートした機運が徐々に下がってくること
になり、形骸化への道を歩んでしまうことになります。

　また、目的を多数盛り込んでしまっているケースでは、KPIをた
くさん設定しすぎてしまうことにもなりがちです。KPIの乱立・あ
れにもこれにもKPIがあるという状態です。数が多くても、目的別
にKPIの把握方法や管理プロセスが整理・区分されていればまだ
よいのですが、ややもすると、すべてのKPIがひとまとめになって
収集・報告されてしまいます。こうした場合には、現場部門にとっ
てもKPIの収集・報告に多大な手間・負荷がかかってしまい、取組
みへの腹落ち感が不十分になるだけではなく、業務負荷の面からも
形骸化に向かっていってしまいます。

弊社では、KPIマネジメントの取組みの途中からアドバイス・支援に参画するケースが多いのですが、そうしたときには必ず「何の目的でKPIマネジメントに取り組んでいるのか」を確認させていただいています。そして、複数の目的・位置づけがある場合には、目的自体の修正・絞り込みをするのではなく、それぞれの目的ごとに、「どのようなKPI設定と活用が目指す姿か」「目指す姿から見て現状の課題はどこにあるか」を整理するところから進めます。

枠組み・フォーマットの体系化に課題

次に、KPIマネジメントの枠組みやフォーマットの整理や体系化に課題があるという要因です。

枠組みとは、組織階層や経営管理体系のどこにKPIを設定するかという「階層・対象」であったり、各階層・対象で設定するKPIの「定義」であったり、他の経営管理の要素（財務会計・管理会計の数値、営業・生産などの業務管理の数値）とKPIとの「関係」（対象期間、同期をとるタイミング、設定・更新のサイクルなど）などと捉えてください。

フォーマットとは、KPIを実際に設定し、実績を把握し、差異要因を分析し、対策・アクションを設定していく際に用いる設定表や管理表などのシート・様式の総称です。

整理・体系化の課題は、営業所や工場などの拠点が複数ある企業や、複数の事業が存在し、複数事業を合わせてKPIマネジメントを推進する企業において、よく発生しがちです。

» 枠組みの課題

工場・製造拠点の例でいうと、工場間で工場の事業計画の立て方

が異なっていたり、各工場で用いている管理のシステム・仕組みが同一でないケースはよくあります。このような状況でKPIマネジメントに取り組む場合は、管理のシステム・仕組みの統一までは必要ないのですが、少なくとも定義などの統一や、定義が異なる場合には一定の読み替えなどを行う必要があります。

しかし、事前にこうした整理を行わないままにKPI設定に向かってしまうケースはよく見られます。その場合、各工場におけるKPIマネジメントの推進自体には問題ありませんが、工場間比較であったり、全社でKPIを取りまとめる場合に、そのKPIをそのまま活用できないという課題・不具合が生まれます。

こうなると、時間の経過とともにKPIの活用価値が薄れ、あまり見なくなる、活用されなくなる、すなわち形骸化の現象に陥ってしまいます。

製造する製品・製品群が工場間で完全に異なっていればまだ問題は少ないのですが、同一の製品を複数工場で製造しているようなケースでは、枠組み・定義が整っていないと、活用を進める中で不具合を生む要因になってしまいます。

一般的に「事業 - 地域・市場 - 拠点（製造・営業）- 部・課」という形で組織体系の要素があります。複数事業を営む企業では、各事業が立ち上がった経緯や事業の成長過程がそれぞれ異なるため、経営管理の側面から見ると、組織体系の統一性や事業間の整合性が保たれていないケースの方が多くなります。

KPIマネジメントでは、「どの組織階層・管理階層に対して、どの程度のKGIやKPIを設定するか」という点を整理することが望ましいのですが、スタート時点でその整理や体系化をおろそかにしてしまう場合があるということです。

この傾向は、規模の大きな会社で起こりがちです。また、国内・海外双方で事業を展開している企業（国内と海外で管理の仕組みや

体系が異なる）、子会社が一定数以上ある企業（子会社設立の経緯や事業規模から、管理の仕組みやレベルに差が生まれやすい）、M＆Aなどによって事業規模や事業領域の拡大を進めてきた企業（そもそも会社ごとに管理の仕組みが異なる）などにおいて、どうしても発生しやすい要因と言えるでしょう。

そのような企業では、各法人・事業・拠点など「全体の経営管理体系から考えて、どの管理階層にKPIを設定するのが望ましいか」という点を最初にしっかり討議・整理していくことが必要です。短期間での整理・体系化が難しい場合には、まずは先行的にスタートする事業や法人などを設定し、そこで1つのモデル（基本形）を策定します。その上でそのモデルを他の法人・事業・拠点に適用して「相互の対応関係や全社的な整合性はどのようになるか」という検討を行い、横展開を進めていく形が望ましいといえます。

≫フォーマットの課題

ここまで、主にKPIマネジメントに取り組む「枠組み」におけるポイントを述べてきましたが、フォーマット（様式・シート）についても同様です。複数の会社・事業・拠点で事業を進めている企業では、各拠点ごとになにかしらの経営管理のための仕組み・シート・様式が存在します。それぞれの管理目的に合った形でシート・様式が開発・改善されていくので、それ自体は実状に適したものであるケースがほとんどです。

一方、それがゆえに、KPIマネジメントなどの新しい管理方法を取り入れる場合に、旧来の様式・シートとの関係性（重複・ダブりなど）や定義などの間に乖離や相違が発生しやすくなります。部門・現場への配慮から「既存の様式・シートを極力活かす」「変更せずに用いる」ことを優先すると、その傾向はより顕著になります。

シート・様式が異なること自体悪いわけではありません。相互の関係性や違いを明確に認識できていれば、問題はありません。したがって、KPIマネジメントをスタートする段階で、「どこまでを統一化し、どこは差異を認めるか」という点をプロジェクトの企画側がしっかりと整理するという手順を踏めば大きな問題にはならないでしょう。

ただ、その認識確認や差異の整理が不十分なまま進んでしまい、組織横断的にKPIを見る、集計する、組織間の比較が求められるという場面になってから課題が浮き彫りになってしまう、という場合もよく見られます。その結果、KPIの活用価値が下がってしまい、形骸化のきっかけになってしまうのです。あくまでも一般論ではありますが、全社・部門横断での取組みの一体感を醸成していく上では、シート・様式も統一性を持つ形にした方がよいと考えます。

»A社の事例

では、KPIマネジメントを進める上で、枠組みなどの整理・共通化に注力されたクライアント企業の事例を紹介しましょう。

事例企業A社は、電子機器・部品などの製造・販売を行う大手企業です。モノとしての機器・部品だけでなく、それらを活用したサービス・ソリューションの事業展開も進めており、そのため事業の括り方や組織体系の見直しも相応に発生していました（事業戦略上必要でした）。

事業分野としては、5つから6つ程度ありました。M＆Aも積極的に行っており、外部から取り込んだ事業領域や拠点も多数ありました。中期的には、それらの見直しや再編も発生することが見込まれていました。

KPIマネジメントを企画・検討する段階で、A社のトップマネジメントに、取組みの目的・ねらいやその背景にある課題認識などの

ヒアリングをさせていただきました。その際の骨子は以下のとおり
です。

◆ A社の事業領域にある各事業は、A社の祖業の事業、祖業から
スピンアウトして成長した事業、他社からM&Aで追加された
事業など、事業発展の経緯がマチマチである

◆ 一方、各事業・各社とも経営管理には一定の力を入れており、
PDCAを回す経営管理の仕組みは相応に存在している。そこに
は各社の工夫も組み込まれており、それぞれによいところがある。
ただし、それぞれを比較してみると、良い悪いではなく、異なっ
た考え方・管理体系になっている面もある

◆ 今後のA社の事業展開を考えると、さらに事業の再編・見直し
は発生する。それ以上に、機動的に各事業間の幹部・管理職層の
異動を行いながら事業運営を進めていきたいと考えている

◆ 人の異動・組織の見直しを機動的・効果的に進める上では、それ
ぞれの幹部・管理職が慣れ親しんでいた管理方法をそのままにし
ておくことに弊害があると感じている。最大公約数的な形でもよ
いので、どこかのタイミングで、A社の事業における「共通の
経営管理体系」を構築して、以降はどの事業でもその管理体系を
用いたい

◆ そのための手法として、KPIマネジメントの考え方をベースにし
た管理体系を用いて共通化を図りたい。業務管理の末端までとは
言わないが、各事業の目標・戦略課題・重要施策とその進捗など
については、共通の枠組み・用語・様式で経営管理を行うように
したい。事業の強化のために、戦略そのものと同等もしくはそれ
以上に大事なことだと考えている

以上のトップマネジメントの課題認識を背景に、取組みの第1ス
テップでは、

・「共通の経営管理体系」として、どのような枠組みがもっとも今

後のＡ社に適しているかという素案を、経営企画／事務局とコンサルタントとの間で検討した

・トップマネジメントの想いとともに、その素案を各事業の幹部職に説明し、意見収集を行った

当然、各事業の現在の経営管理の仕組みや定義とは異なる部分もありましたが、まさしく「最大公約数の基盤をつくる」を旗印に「小異」の部分の変更を許容してもらうことをお願いしていきました。

第1ステップでは、KPIマネジメントの手法を活用した共通の経営管理体系についての幹部の合意を得、第2ステップ以降で、その枠組み・定義に基づくKPIの設定方法・運用方法の議論に進んでいきました。

各事業のすべての仕組みを見直すのではなく、共通とする部分と、各事業の既存の仕組みを優先してよい部分とを明確にしていきました。具体的には、組織階層の部以上（事業領域 – 事業・機能 – 部）については、新しく策定したKPIマネジメントの枠組みを用いてPDCAを行うこととし、一方で、部以下の組織階層における業務管理の仕組みは、各部門の既存の仕組みを優先してよいこととしました。

うまく活用できなくなる要因③

KGI・目標に偏りすぎ

次に、KPIマネジメントの取組みがKGI・目標に偏ってしまっているという要因です。

図2.10をご覧ください。これは「はじめに」図4の再掲で、KPIマネジメントの構成要素を整理したものです。図に記載しているとおり、KPIマネジメントにおいては、KGI（目標指標）とCSF（重

図 2.10 KPIマネジメントの構成要素と定義（部門レベル）（再掲）

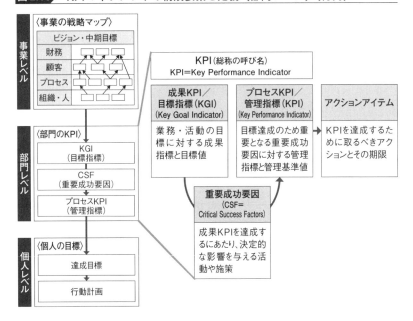

要成功要因）とKPI（管理指標）の3つをセットで検討し、活用していくことが望ましいと考えています。

» 適切なCSFの設定

しかしながら「当社はKPIに取り組んでいます」という企業においても、実際の取組み内容を聞いてみると、実はKGI（部門レベルの目標指標）だけを設定しているにすぎないというケースがまま見られます。

もちろんKGIの見える化自体が悪いわけではありません。KPIマネジメントの取組みの第一歩とも言えます。しかし一方で、多くの企業では、会社・事業レベルの目標指標（財務的な目標など）とともに、部門レベルの目標指標はある程度明確になっていることが多いでしょう。たとえば営業部門でいえば、売上高や受注高や新規顧

客の獲得件数・金額などであり、製造部門でいえば、製造原価の低減目標、品質の向上目標などです。

　つまり、KGI・目標指標の見える化だけでは、ある意味当たり前のことしかできていない状態であり、これまでの経営管理のレベルと比べて、さしたる向上はないというケースが多くなります。これではせっかく新たにKPIマネジメントに取り組んでいるにもかかわらず、その取組みの位置づけが中途半端なものとなってしまい、結果的に忘れ去られる、ないしは形骸化してしまうことにつながります。

　KGI・目標指標の設定にとどまらず、目標達成のためにはなにがキーファクターであるのか（CSF）、キーファクターをクリアするためには、何を高める必要があるのか、何にしっかり取り組む必要があるのか（KPI・管理指標）にまで踏み込むことで、KPIマネジメントに取り組む「意義」が高まってきます。取り組むならば本来の形を目指すべきです。

　枠組みとしては「KGI－CSF－KPI」のセットで検討している形をとっていても、重要成功要因の検討不足・深堀り不足で、適切なCSF・KPIの設定にまで行きついていないケースもあります。KGI（目標指標）の検討に対して、CSF－KPIの検討は相対的に難易度が高いのは確かです。まさしくKPIマネジメントを成功裡に導入・活用していく上での重要成功要因の1つが、CSFの検討であるといっても過言ではありません。

　したがって、KPIマネジメントを導入する際には、「CSF－KPIの検討」の作業にしっかりとエネルギーをかけることが必要です。KGIの設定をしただけで「うまくKPIを設定できた」と力を抜いてしまうのはよくありません。

　弊社がKPIマネジメント導入支援のコンサルティングの場面において、どこにもっともエネルギーを投入するかというと、「CSF

の検討」です。部門のKGI・目標指標に対して、なにがCSFかということを深掘りして検討することを、KPI検討セッションやKPI設定のレビューなどの場面でサポートするときに、「CSFを検討する（≒ よいKPIが設定できる）」とはどのような観点・考え方で進めるとよいのかということを体感・実践いただくように進めています。

　各部門2つから3つの項目でCSF − KPIの検討を行ってみると、どのように進めればよいかというコツが掴めるので、あとはさらに検討・実践の数を増やしていくことで、それぞれの管理者のCSF − KPIの検討・設定を行うスキルは向上していきます。

　図2.11は、重要成功要因を検討する際の代表的な方法を整理したものです。それぞれのKGI・目標指標に対して、その達成に決定的な影響を与える要因を記載の観点を参考にしながら検討していくのです。

　図に記載している5つの方法の具体的な検討例については、拙著『事業計画を実現するKPIマネジメントの実務』（日本能率協会マネジメントセンター）の第4章に、CSF − KPIの検討例と合わせて紹介していますので参考にしてください。

　検討・設定したCSFが「本当にそれがCSFか？」という観点で確認・チェックすることも重要です。最初に思いついた事項やたまたま議論の中で話題にあがった事項をCSFとすると、それが適切なケース、そうでないケースがあります。深掘りして検討するというのは、「真のCSFか？」という検証まで行うべきなのです。

　図2.12には、CSFが適切かどうかのチェックを行うための代表的な質問を整理しています。図にある問いかけを行って、すべてクリアされていれば、まずはCSFとして扱うことで問題はないと考えます。逆に、そうではないと判断された場合は、改めて図2.11の観点に戻って再検討を行うか、なぜこの事項はCSFのチェックポイ

ントがクリアできていないのかなどを検討してみます。

図 2.11　重要成功要因を特定する代表的な方法

CSFを特定する際は、KGIに対してその達成に決定的な影響を与える要因を検討します。

#	方法	内容
①	論理的関係性から特定	KGIの要素を、演繹的関係、帰納的関係の2つの関係から構造展開し、重要成功要因（CSF）を特定する
②	ボトルネックとなる要因から特定	KGIの達成に向けた活動を工程ごとに分解し、実際に起きている問題点や阻害要因からボトルネックとなる要因を検討することで、重要成功要因（CSF）を特定する
③	成功例・失敗例から特定	KGIに対して、これまでの成功例や失敗例からその背景・原因を分析・検討することで、重要成功要因（CSF）を特定する
④	プロセス面・資源面から特定	プロセス・業務面や資源・インフラ面など、KGI達成に向けた活動の推進に必要な要素における課題を検討することで、改革・改善すべき重要成功要因（CSF）を特定する
⑤	成果物の期限から特定	施策・仕組みづくりの実行完了や進捗をKGIとして設定する場合に、途中段階の重要なマイルストーンの成果物と期限を重要成功要因（CSF）をとして特定する

図 2.12　CSF（重要成功要因）が適切かどうかのチェック方法

CSFの候補に対して右の問いかけを行って検証	**CSFの頭に「Not」を入れたときに、KGIを達成できるか？** （達成できないのであれば、そのCSFは適切といえる）
	そのCSFが"もっとも"KGIの達成を左右するか？ （"もっとも"ではなければそれはCSFではない）
	KGI達成のために「他に乗り越えるべき課題」はないか？ （他にも課題があればそのCSFは十分ではない）
	CSFがKGIのブレイクダウンになっていないか？ （CSFはKGI達成のための重要施策であり、KGIの単なるブレイクダウンでは目標達成はできない）

KPIマネジメントの取組みがKGI・目標指標に偏りがちな企業は、もともとの組織風土が「成果・結果を重視する」という企業に多いように感じます。もちろんビジネスとして「成果・結果を重視する」というのは極めて大事な要素ですが、一方で、「成果・結果のみに偏重する」というのは避けるべきです。

成果・結果を重視するのであればあるほど、成果・結果につながるCSF・重要成功要因の検討・深堀りを大切にすべきです。KPIマネジメントの手法の背景にある大切な考え方である「成果をあげるためにプロセスを管理する」です。

図2.11、図2.12で紹介したようなCSFを検討する観点や、真のCSFであるかをチェックする観点をKPIの設定段階でしっかり用いていくと、「成果をあげるためのプロセスが大事」という考え方の浸透にもつながっていきます。

うまく活用できなくなる要因④

現場への支援・教育が不十分

≫ 現場の理解が重要

次に、KPIの設定の場面において、現場への支援・教育が不十分という要因です。

新しい手法や経営管理の考え方を組織に導入する場合には常にそうですが、その導入の目的・ねらいとともに、方法論や進め方について、対象となる部門や現場のキーメンバーに説明や教育を適切に行っていく必要があります。しかし、ややもすればそれらのサポートを欠いてしまい、部門・現場にとっては考え方・手法についての十分な理解がないままに、見よう見まねで進めているケースが散見されます。

見よう見まねであっても適切にKPI設定ができればよいのです

が、なかなかそうはいきません。スタートするタイミングでうまく
KPI設定できないという状態に陥ったり、設定したKPIが自部門や
自社にとって管理する意味・意義に疑問符が付く状態だと、取組み
自体に対していきなり部門・現場が後ろ向きになってしまいます。

　新しくKPIマネジメントに取り組む際に、初年度から100点満点
で適切にKPIが設定できることはありません。むしろ70点、80点
レベルからのスタートで、活用しながら徐々にKPIの見直しやレベ
ルアップを図っていくことが望ましいでしょう。

　しかし、最初から完璧である必要はないという点と、「よくわか
らないままKPIを設定する」「設定しているKPIの意義に疑義があ
る」というのとはまったく異なります。手法・考え方に対してでき
るだけ丁寧に説明をし、理解を得た上で「初年度はまずは一定の仮
説のもとに○○○をKPIとして設定しよう」というのが望ましい
70点、80点の姿です。

»実状にあったていねいな説明

　では、何に対しての支援・教育が必要なのでしょうか？

　まず1つめは、KPIマネジメントに取り組む目的と枠組み・体系
に対する理解です。何のためにKPIマネジメントに取り組むのかに
ついて、経営者・経営幹部の言葉で説明していくことが重要です。
また、先にあげた「KPIマネジメントの枠組み」について、自社の
経営管理体系の中でどのように位置づけられるかについて、管理
職・現場にとって理解しやすい形で体系的に説明していくことも大
切です。

　中には、手法を紹介した書籍などを、対象となる社員に配布して
「これをみて導入しなさい」という形で教育・支援に替えている企
業もあります。決してまずい方法だとは言いませんが、実際には、
KPIマネジメントに取り組む目的は書籍で書かれているような一般

論だけではなく、なにかしら自社としての課題認識や目的があるはずです。それを伝えることが大切です。

　また、枠組みについても、考え方としては、書籍などで紹介されている枠組み・体系が参考になると思いますが、用語の定義を含めてそのまま当てはまるケースは少ないはずです。自社がこれまで進めてきている事業計画や経営管理上の体系（各社ごとに異なる）があって、それにどのようにKPIマネジメントの考え方を適用していくかは、それぞれケースバイケースになってくるはずです。したがって、書籍で代替されるものではなく、それらを参考にしながら各社の実状にあった説明資料を準備し、それを用いて部門・現場に説明し、理解を深めてもらうように進めるべきです。

　2つめは、CSF（重要成功要因）の検討とKPI（管理指標）の設定についてです。先にも書きましたが、KPIマネジメントの活用をうまく進める重要ポイントの1つに、CSFの検討を適切かつ深掘りして行えるかという点があります。KPIマネジメントに取り組む当初において「もっともとっつきが悪い」点がCSF（重要成功要因）の検討です。したがって、もっとも「目詰まり」を起こしやすい点について、部内・現場の方々に対して支援・教育を施していくことが重要です。

»誰に対して支援・教育するか

　先に述べた「何に対する支援・教育が必要か」のほかに「誰に対して行うのか」の観点も重要です。ここでのポイントは、直接対象となる部門・現場の管理職・キーメンバーだけでなく、経営者・経営幹部層にも手法やそのポイントについて理解していただくことです。

　ややもすれば、KPIを実際に設定・活用する部門・現場の管理職・キーメンバー層だけの教育・支援にフォーカスしてしまいがち

です。管理職だけへの教育・支援でもよいのですが、経営幹部の理解・浸透が欠いていると、実際に導入が始まった段階で「部門・現場はKPIの手法をよく知っていても、経営幹部にはあまり理解されていない」という状況が生まれてしまいます。

　そうすると、部門・現場の管理職と経営者・経営幹部とのやり取りに「KPI」という語が用いられないという事態になりがちです。部門の管理者としては、経営者・経営幹部があまり関心を示さない手法であれば、徐々に報告などの場面でも利用しなくなってしまいます。まさしくKPIの形骸化です。

　したがって、他の経営管理手法の導入の場合も同様ですが、少なくともその手法の考え方やエッセンスや効果・効能については、まず最初に経営者・経営幹部が理解・腹落ちし、KPIマネジメントを自社のPDCA・経営管理の「ど真ん中におく」という共通認識を持つことが大切です。そうすることで、日々の管理職層とのやり取りでもおのずとKPIという言葉やKPIを用いての報告・討議を求めるようになり、全社的な認知も上がっていくことになります。

　先に述べた点について、実際に取り組んだプログラム例を紹介します。

　図2.13をご覧ください。KPIマネジメントへの取組みを開始する初期段階で、経営幹部向けにKPIの手法についての紹介と、自社におけるKPIマネジメントの取組みのあり方を検討してもらった際のプログラム例です。自社にとっての目的・枠組み・進め方の側面と、手法の側面の両方をカバーする形となっています。この企業では、経営幹部向けの教育プログラムを行った後に、管理職向けのプログラムを進める形をとっています。

　図2.14は、部門の管理職向けのプログラム例です。ここでは、自社としてKPIマネジメントになぜ取り組むのかという目的や、自社の経営管理における位置づけを最初に説明するとともに、実際に

KPI設定・活用をどのように進めるかについてのハウツー（How to）を説明しています。

　研修の実施に先立っては、図の点線部に記述しているような事項を先に事務局でまとめていきます。基本となる考え方は一般論としてのKPIマネジメントの手法ですが、「自社における」の部分、すなわちカスタマイズの部分を検討・整理していくのです。

　ハウツーの部門別の手法の研修・検討支援については、集合研修での座学研修と、各部門別のKPI設定をサポートする部分（部門別のKPIセッション）とに分けています。座学で基本的な手法や観点を理解していただきつつも、最終的には、実際の自部門のテーマを対象にKGI - CSF - KPIを検討してみることが、もっとも実践的で、かつ理解も深まりやすい進め方であると、これまでの経験を通じて感じています。

図2.13　経営幹部向けのKPIマネジメント討議会のプログラム例

プログラム	時間量
1. 本件取組みの主旨説明	10分
2. KPIマネジメントについての講義	40〜45分
●KPIマネジメントについて 　・KPIとは？ 　・KPIの設定例、活用効果 ●他社での取組み事例	
3. 自社でのKPIマネジメントへの取組みについての説明	15〜20分
●当社におけるKPIを活用した経営管理体系の素案の説明 ●ご討議いただきたい事項の説明 　・共通の経営管理体系の必要性について 　・素案の体系・フォーマット対しての意見・要望・懸念点 　・導入・定着活動を進める上での意見・要望・懸念点　など	
4. 討議事項についての論点別討議	90〜120分程度
5. 今後の取組み方針の総括と主要アクションの整理	30分

図2.14 部門管理職向けKPIマネジメント手法の理解・習得プログラム例
―座学研修＋部門別の個別研修

ご支援内容・プログラム			概略内容	想定参加者	所要時間
研修に先立っての事務局検討	自社におけるKPIマネジメントの概念・枠組みの整理		・KPIマネジメントにおける概念・用語・定義 ・KPI設定のための概略手順や基本的なワークシート ・KPIを設定する際の主な着眼点や留意点 ・KPIを活用する際のポイントや留意点（進捗管理・評価・見直しなど） ・現状の経営管理制度との関係 以上を整理した説明資料を準備		
KPI研修（座学）	講義	KPIの設定・活用のポイント	・整理した内容をもとに、「KPIマネジメントの枠組み・考え方」、「KPIの設定・活用の進め方」などを講義	・各部の管理職	1.5～2時間
部別のKPIセッションの準備（2週間～1ヵ月程度のインターバル期間に各部で作業）（KPIの検討（ワークシート作成）、質問項目の整理など）				各部の管理職＋キーパーソン	
部門別のKPIセッション	レビュー・討議	KPI・目標設定内容のレビュー・見直し	・対象部の2、3業務を対象として、現状のKPIや目標設定内容について、コンサルタントがレビュー・アドバイス ・KPIや目標設定内容の見直しを進める上での質問について、コンサルタントがアドバイス	・各部の管理職＋キーパーソン（部単位での実施）	2.5時間
		今後の取組に向けて	・部門間連携が必要な事項の整理 ・KPIの進捗管理・評価の進め方 ・今後の進め方の確認　　　　　など		0.5時間
幹部向け報告	KPI研修のまとめと所感報告		・KPIマネジメントにおけるの主要取組内容 ・KPI研修を通じて認識した課題 ・質疑ならびに今後の取組みの方向性についての討議　　　　　　など	・役員層	2～3時間

　部門別のKPIセッションを終えたあとも、適宜部門・現場からの質問・問い合わせにはタイムリーに対応する体制をつくっておきましょう。

　ここまでの4つの要因は主にKPI設定の進め方に関連する要因をあげました。ここからの3つの要因は、主に経営計画の策定のあり方に関連する要因です。

事業目標と部門施策を別々に検討

　その1つめは、策定時に、経営計画ないし事業計画（複数事業ある会社の場合の各事業との計画）と、各主要部門（営業・生産・開発など）の目標・施策を別々に検討してしまっている場合です。

　売上目標・営業利益目標などの経営目標・事業目標は、トップダウン的に設定される一方で、各部門の目標と施策は経営目標・事業目標とのリンクが不十分な形で検討・設定されているようなケースです。「それはそれ（経営目標・事業目標）、これはこれ（部門の目標・施策）」というようなイメージで、意外と多く見られる形です。

　そのような場合、KPIマネジメントを導入するとどうなるでしょうか？　当然ながら、「タテの連鎖」が不十分な形になってしまいます。

　各部門ではさまざまな検討をして目標（KGI）と施策（CSF）と管理指標（KPI）を設定するので、その範囲内では目標と施策の関係は連動しています。しかしその目標達成と上位の目標の達成とがリンクしない、すなわち部門や現場の目標は達成しても、経営や事業の目標は未達成になってしまう可能性があります。これは、経営者・経営幹部として困った状態です。

　部門レベルの取組みがはたして全社目標の達成に寄与しているのか、これが不明確だと、KPIマネジメントの有効性に対する疑問の声も出てきます。部門・現場のモチベーションにも影響してきます。KPIマネジメントの取組みが形骸化してしまう可能性が高くなります。

　図2.15（図2.1再掲）をご覧ください。KPIマネジメントにおける経営計画の達成管理・実行管理の基本構造を示しています。

　図における「組織目標」が、企業全体ないし事業単位の目標にな

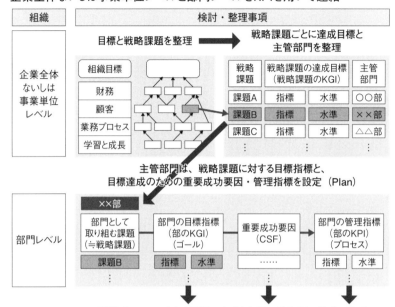

図2.15 経営計画の達成管理・実行管理でのKPI活用における基本構造（再掲）

企業全体ないしは事業単位レベルと部門レベルをKPIを用いて連結

ります。図の下部が部門における目標・施策です。企業全体・事業単位の目標と部門レベル目標・施策の縦連鎖を確保するには、会社ないし事業単位のレベルで目標達成のための戦略課題を整理し、その戦略課題をどの部門が主管部署として受け持つかという点を整理することが必要です。そして、各部門は受け持った戦略課題を起点に、部門としての目標（KGI）・CSF（重要成功要因・施策）・KPI（管理指標）を検討していくのです。

　各部門の目標や施策検討の対象は、戦略課題以外にも、部門の定常業務の改善・改革などのテーマがありますが、上位の目標との連携確保の観点からは、戦略課題に対する検討が重要となります。

≫タテの連鎖を強化する

タテの目標の連鎖をさらにしっかりしたものにするためには、図2.15の基本構造に加えて、組織目標のうち、とくに売上・利益などの目標をブレイクダウンする「収益構造展開」を行うと有効です。この点は、実践上のポイントとして第4章で記述します。

経営計画策定のプロセスにおける企業全体・事業単位レベルと部門レベルでの連携方法としては、大きく分けて、トップダウン型・ボトムアップ型・折衷型があります。

◆ **トップダウン型**：企業全体・事業単位レベルで目標設定とそのブレイクダウンを行い、それを部門レベルの目標として設定し、施策検討を指示する形

◆ **ボトムアップ型**：計画策定にあたり、まず部門レベルでの目標・施策を検討し、その積み上げにより事業単位・企業全体の目標を設定していく形

◆ **折衷型**：企業全体・事業単位レベルでの目標の概略設定と並行して部門レベルの目標・施策検討を行い、相互の擦り合わせ・調整の中で各階層の目標を設定していく形

トップダウン型とボトムアップ型については、実際には完全にいずれかだけで設定されているケースは少なく、なにかしらのやり取りがあるはずですが、計画策定の考え方として、トップダウン・ボトムアップに寄っている（相互の調整・擦り合わせが少ない）形と捉えてください。その意味では、トップダウン型、ボトムアップ型のいずれかに寄っている企業は多いでしょう。

個人的には、企業全体・事業単位レベルと部門レベルとの間で「キャッチボール」がある折衷型が望ましいと考えます。そこでのキャッチボールは、形式的なやりとり・プロセスではありません。実質的に機能する形で、事業レベルの目標の水準、部門レベルの目標の水準、そのために必要な施策を相互に擦り合わせ・調整するプ

ロセスが組み込まれている形です。各社の事業特性・経営管理の仕組み・組織風土・人的リソースなどによって、折衷型のキャッチボールのあり方はさまざまです。自社にあったプロセスを構築・ブラッシュアップしていくことが大切だと考えます。

Column　不確実性の時代におけるKPI活用法

マネジメントの潮流①

経営管理におけるデジタルシフト

　近年、事業オペレーション領域だけでなく、経営管理の領域まで含めたデジタルシフトの必要性が叫ばれています。従来の数値集計や分析は、クラウドやビジネスアナリティクスといったテクノロジーの導入により、その正確性やスピードは革新的に高まってきています。経営目標を達成するためには、データの活用度を高め、現状をタイムリーかつ正確に把握し、予測シナリオを的確にシミュレートしながら意思決定することが重要です。

全社戦略・事業戦略と連動した財務数値のプランニング＆モニタリング

　企業の長期ビジョン達成に向けて、トップ／ミドル／オペレーションの各マネジメント階層の戦略とKGI・プロセスKPIが明確化され、シームレスにつながっていること、そしてその進捗が随時モニタリングできる状態をデジタルで実現していくことが必要です。

　少し具体的に見ていきましょう。

　トップマネジメントの視点では、市場環境が大きく変化した場合、まず自社への影響を迅速・正確に把握したうえで、次に市場のシナリオを予測してシミュレーションしていきます。こ

のときに考慮すべきは、市場変化には予測できない要素が多分にあるという点です。そのため、複数のシナリオを予測し、ベストケース・ワーストケースを想定しながら、中長期目線での自社への影響の「幅」を把握していきます。

　また、統計的手法も取り入れて、どのような前提のときにどの程度の影響が出るのか、属人的かつ単発で終わるのではなく、前提として用いたパラメータを記録しておくことが重要です。これにより、シミュレーション数値の精度が継続的に向上していく体制を築くことができます。これらのシミュレーションを可能にするのが、市場と連動したモデリング、そしてシナリオプランニングと呼ばれる考え方です。

　シナリオプランニングでは、市場変化が自社に与える業績インパクトを迅速に把握したうえで、企業としての目標を達成するために必要な改革施策を、グローバルやグループ全体でシミュレーションしていきます。多彩な改革施策の組合わせのケースをシミュレーションし、改革施策の効果をデータで見ながら最適解を導き出します。収益構造改革、事業構造改革の最適解を導き出し、必要な財務改革についてもシミュレーションし検討します。

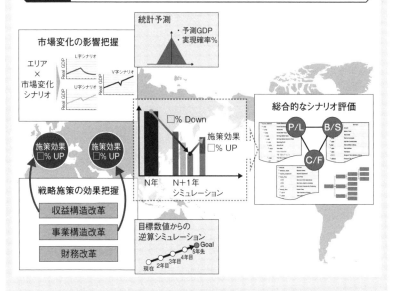

図1　シナリオプランニングのイメージ

戦略・組織単位での分析及びシミュレーションに基づく判断・アクション

　一方、ミドル／オペレーションマネジメントの視点では、トップマネジメントとコミットしたKGIと、具体的にブレイクダウンしたプロセスKPI・活動計画に対して、少なくとも月次ベースでモニタリングして原因分析、改善アクションを取っていきます。

　この際のポイントは実績重視ではなく、年度着地予測（Forecast）に対して、改善施策の検討ができている状態を目指します。というのも、とくに事業オペレーションの現場にとって実績の財務数値は結果であり、実績は後付けで振り返る程度の位置づけだからです。実績数値だけでは、今まさに実行しようとする改善活動の検討に有効なデータとはなりません。本当に必要なのは、調達、生産、物流、販売などオペレーションの各業務機能が実行する改善活動が、全体としてどのように

寄与するのか、個別最適ではなく全体最適になる活動なのかどうか、年度の着地数値をどの程度改善してくれるものなのかどうかであり、改善インパクトをデータで見ながら施策の実施判断を行えることこそが求められる仕組みだといえます。

デジタル化のポイントは「つなぐ」こと

デジタル化を実現するポイントは「つなぐ」ことです。市場とのつながりを意識したモデリングや、自社がとりうる改革施策をシームレスに反映できるデータ構造が重要です。そのためには、自社業績と相関のある外部情報を、常日頃からチェックしておきます。

また、戦略やKGI・プロセスKPIにおいても、長期目標・短期目標のつながり、そして各マネジメント階層におけるKGI・プロセスKPIの目標数値と実行結果数値の縦のつながり、さらにはオペレーション上の業務機能間といった横のつながり、これらがデジタルデータ上できちんとつながっていることが重要になります。

だからといって、明細と呼ばれる詳細なデータすべてをつなぎ、一元管理すべきというわけではありません。それぞれのマネジメント階層、業務機能を横串でデータを見て、何を判断し、どのようなアクションをとるのか、その目的に応じて必要なデータ粒度、見るべき頻度・タイミングは異なります。それらを適切に定義し、本当に必要なデータを管理していくことが重要です。

そしてそのポイントは、常にアウトプットされ、活用される重要データという位置づけとして社内で認知されることであり、その結果、自動的にインプットの質は向上するようになります。データ活用を促進するには、管理会計業務という枠にと

図2　デジタル化実現後の活用イメージ

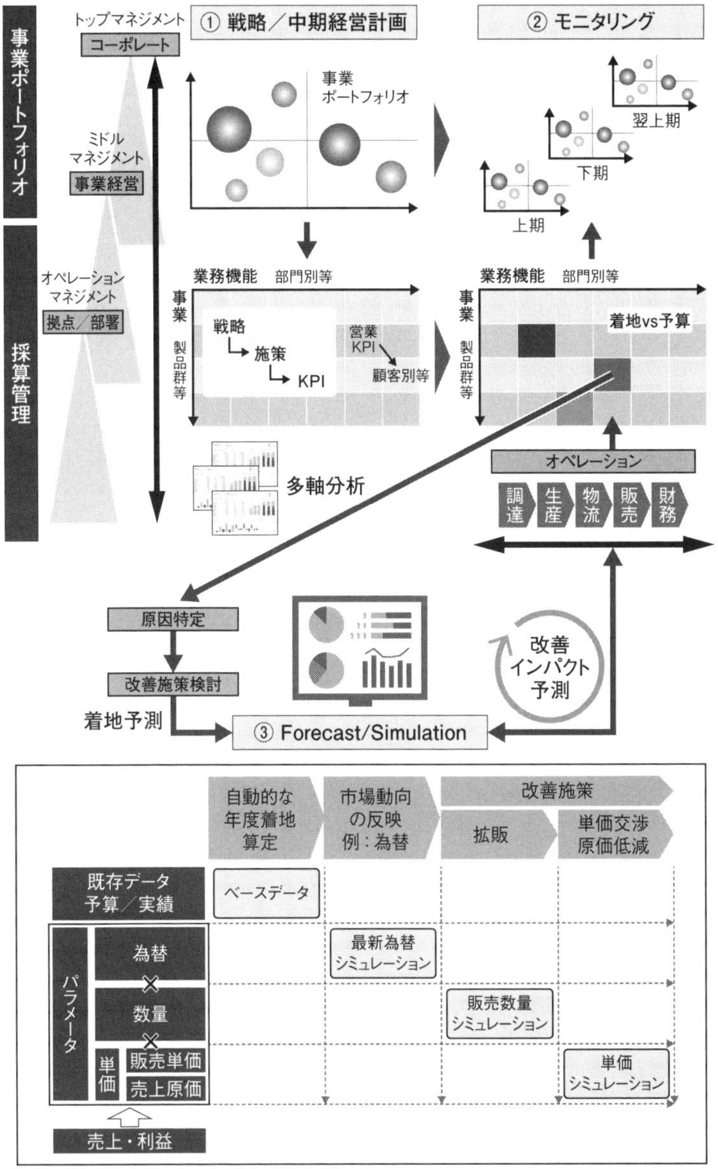

事業ポートフォリオ

採算管理

トップマネジメント
コーポレート

ミドルマネジメント
事業経営

オペレーションマネジメント
拠点／部署

① 戦略／中期経営計画

事業ポートフォリオ

② モニタリング

翌上期

下期

上期

業務機能　部門別等

事業
製品群等

戦略
└→施策
　　└→KPI

営業KPI
顧客別等

多軸分析

業務機能　部門別等

事業
製品群等

着地vs予算

オペレーション

調達　生産　物流　販売　財務

原因特定

改善施策検討

着地予測

③ Forecast/Simulation

改善インパクト予測

	自動的な年度着地算定	市場動向の反映 例：為替	改善施策	
			拡販	単価交渉原価低減
既存データ予算／実績	ベースデータ			
パラメータ 為替 ✕ 数量 ✕ 単価 販売単価 売上原価		最新為替シミュレーション		
			販売数量シミュレーション	
				単価シミュレーション
売上・利益				

らわれず、通常業務（たとえば、評価プロセスなど）に組み込んで、活用せざるを得ない状況にするという仕掛けづくりも重要です。

この考え方をもとにした、経営管理分析イメージ動画をご紹介します。

経営管理ベストプラクティスデモンストレーションの参考動画

【経営管理ベストプラクティスデモ（その1）】

予実分析〜収益悪化原因を俯瞰し次のアクションへ

【経営管理ベストプラクティスデモ（その2）】

市場動向反映・販売数量・単価シミュレーション

【経営管理ベストプラクティスデモ（その3）】

シナリオプランニングを活用し機動力のある予測型経営へ

⇒YouTube（Atstream Consulting Channel）にて公開中

中期の目標・施策の展開が不足

» 中期もPDCAの対象

次に、中期の目標・施策の展開が不足している場合です。

多くの企業で単年度の予算や経営目標が設定されています。一定規模以上の企業では、単年度の予算や経営目標がまったくないというケースは少ないでしょう。

また、単年度の予算や経営目標に加えて、中期の経営目標を設定し、その達成のために必要な施策やその推進計画と合わせて、「中期経営計画」を策定している企業も多いでしょう。経営上、中期経営計画が必須（ないとまずい）ではないですが、その背景には、多くの事業において、単年度の視点だけではなく、中期の目標を意識し、その視点からの施策を設定・推進することが、中長期にわたっての事業強化や組織力の強化のためには必要だということがあります。

したがってここでは、単年度の目標・予算とともに、中期経営計画に相当するものも「あった方がよい」という前提で進めます。ビジネスですから、当然目先のこと（短期）も大切ですが、先を見据えたこと（中期）も大事という前提です。

多くの企業で見られるのは、中期経営計画を策定しているにもかかわらず、中期の目標の達成状況や施策の進捗状況を、PDCAプロセスでフォローしていないという点です。PDCAのプロセスでは、短期の目標や施策のフォローだけが対象となっているような形です。

KPIマネジメントの考え方を取り入れていても、その設定対象は単年度の目標（KGI）や施策の進捗状況（KPI）だけで、中期の要素には設定されていないというケースが散見されます。

こうした場合には、どのような弊害が出てくるのでしょうか？PDCAプロセスにおいて中期視点での目標や施策は対象になっていないわけですから、当然ながら経営幹部・部門長の管理対象や関心は単年度の方に向かいます。「単年度主義が強くなる」というような言い方もされます。そうなると、ややもすると短期の財務面の結果だけを追いかけるようになり、目標達成のための施策の実行状況・進捗状況（KPI）にもあまり目を向けなくなります。

≫ 中期の進捗を見える化する

　単年度の事業の成果や結果は、事業を進めながらある程度タイムリーに見えているものです。したがって、中期の目標や施策を設定対象・フォロー対象に含めていないと、おのずと単年度の結果（KGI）だけを追いかけるような形になりがちです。「良い成果（KGI）を生み出すためにプロセス（KPI）を管理する」というプロセスの管理がおざなりにされるのです。それは、KPIマネジメントの取組みが形骸化していくことでもあり、結果的には短期の成果の達成力を弱めていくことにもなります。

　一方、単年度の目標・施策に比べて、中期の目標・施策は成果・結果が出るまで時間がかかります。逆にいえば、途中過程での成果や進捗が見えにくいという面があります。それを見えるようにするためには、意図的に取り組む必要があります。「見える化」を本質の1つとするKPIマネジメントの手法は、本来、中期の目標や施策に対してその有効性が大きいと言えます。

　「うまくいっている／行っていない（主にKGI）」「やるべきことができている／できていない（主にKPI）」を見える化してフォローし、必要な方向修正に活用していくことが必要なのは、むしろ中長期の将来にわたることなのです。

　したがって、KPIマネジメントを企業の競争力強化や組織力強化

に有効的に活用するためには、まずそのベースとして、中期の目標・施策をマネジメントするという経営管理の強化ポイントを明確にする必要があります。

　中期の目標・施策に対するマネジメントを強化するためにKPIマネジメントの考え方を取り入れ、従来の単年度主義の風土を変えようとする企業も多くなっています。

　図2.16をご覧ください。これは、中期目標と単年度目標の組織内展開（部門への展開）を、各階層（事業・部門）におけるKGI・KPIの関係性を含めて整理しています。

　財務の目標は通常、中期の目標があってそこから単年度の財務目標に展開されます。財務の目標を達成するための戦略課題は、バランスト・スコアカード（BSC）の4つの観点でいえば、単年度の財務目標に対しては「対顧客の対応課題」や「プロセスの対応課題」が中心となります。単年度の結果に対して効いてくる対応課題は限られる面があるからです。

　一方、中期の目標に対しては、顧客・内部プロセス・学習と成長

図2.16　**中期目標と単年度目標の組織内展開のイメージ**

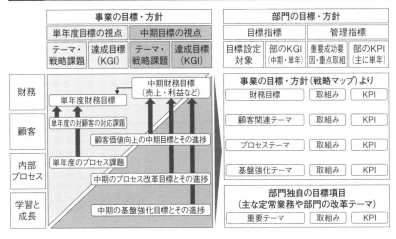

のそれぞれの改革目標とそれに向けた施策の実行・進捗が効いてくる形となります。

　図2.16の例では、事業の目標・方針を単年度・中期の双方の視点から整理し、各戦略課題を主管部門に展開しています。部門の目標指標としては、中期・単年度双方のKGIを設定する形としています。部門の管理指標（KPI）は、中期・単年度双方の視点から検討しますが、中期のKPIについては、年度ごとの進捗に応じて見直していく面も多いため、主に単年度の進捗目標として設定し、それを年度ごとに洗い替えていく形をとっています。

　企業によっては、図2.16の枠組みの中から、中期目標の視点だけを対象としてKPIマネジメントに取り組んでいるケースもあります。KPIマネジメントとしては、事業レベルの中期の目標・施策と部門レベルの中期の目標・施策を対象とし、単年度の目標については、単年度の管理会計・業績管理の仕組みによって、主に財務成果とその見込み管理を中心に行っていくような形です。単年度は結果中心で管理し、中長期に関することは、目標・施策の進捗をKPIで追いかけていくという考え方です。

何をねらうかの明確化が不足

　最後に、戦略課題や改革テーマに対して「それらが何をねらうのか、何を改革しようとしているのか」の明確化が不十分という要因があります。この点は、KPI設定の行い方の問題ではなく、戦略方針などの検討に際しての具体性の問題です。

　第1章でも述べましたが、中期経営計画などで同じ経営課題が何回もあがっているケースがあります。前の中期計画にも今回の中期計画にもあがっており、次の中期計画にもあがってきそうで、「永

年の中計テーマ」となっているような場合です。

状況としては2つ考えられます。

≫戦略課題、改革テーマを明確に

1つは、それらの戦略課題に対して「何をねらうか」「どのような姿になるとその課題をクリアしたことになるか」は具体化しており（＝KGIは明確になっている）、取り組んではいるものの、結果として課題解決が進んでいない場合です。

もう1つは、「その戦略課題が何をねらいとするのか」「何をどう高めるのか」が曖昧なまま時間が経過してしまっている場合です。

前者は目標が明確になってはいますから、その達成・課題解決のためにどう取り組むかを見直していくことになります。解決が進まないことは問題ですが、マネジメント方法としての問題はありません。

問題は後者です。達成された状態を明確にしていないので、通常は施策（何に取り組むか、実行するか）も曖昧なままでしょう。KPIマネジメントに取り組んでいても、そうした戦略課題に対しては、明確な定量目標（KGI）を置くことができず、定性的な整理で進んでしまっている（進まざるを得ない）ことが多くなります。また、あまり深い検討がないままに、他社で設定されている例をとりあえずKGIとして設定しているケースも散見されます。果たしてこのKGIが自社に適合しているかなどがわからず、KGIへの腹落ち感もない形になっている可能性が高くなります。

たとえば、次のような戦略課題や改革テーマが「ねらう姿が明確でないまま走っている」状況に陥っていることが多いと考えます。

◆ **組織活性化**：現状の組織運営で「何がよくないのか」「変えていきたいことは何か」「活性化している状態とはどういう状態か」について、具体的な検討や変化した後の姿の整理が不十分

◆ 製販連携の強化：現状の製造・販売間の連携プロセスにおける課題は何か」「連携によって何が増え、何が減るのか」などの改革対象が明確になっておらず、掛け声的に方針のみが掲げられている

◆ 働き方改革の推進：「今の業務環境や業務スタイルにおけるまずい点は何か」、逆に「他社よりもさらに進んだ働き方を実現するならば、具体的にどうすればよいか」の検討がなされていない。不十分なままに、世の中の流れをマネる形で「働き方改革」という方針だけが先走っている状態であり、その結果、施策も他社の取組みをマネる形になっている

◆ ソリューション営業の強化、営業の質的向上：「ソリューション営業とは、どのような提案内容の売上や受注が増えるということか」「それはどのような売り先に対して、どのような営業方法によるのか」「受注の規模・単価・採算など、従来の営業方法となにがどの程度異なるのか」などについて具体的な検討や目標設定がなく、「これからはソリューション営業を強くするのだ」という掛け声だけが先走っている状態で、結果的に従来型の営業方法が継続されてしまっている

上記の例であげたような「ねらう姿が明確になっていない戦略課題」は全体の一部で、それ以外のテーマは、KPIマネジメントの考え方に沿ってKGI‐CSF‐KPIが検討・設定されているのであればよいですが、明確になっていない戦略課題やテーマが、全体の2割から3割以上もあるような状態では、そもそも定量化・見える化を軸とするKPIマネジメントの取組みが形骸化していくことにもつながります。

》取組み方針が明確化されていない場合の対処法
戦略課題や改革テーマのねらう姿、取組み方針が明確化されてい

ない場合の対処法をKPIマネジメントの中に取り入れた例を紹介します。

　図2.17をご覧ください。ある事例企業における部門レベルのKGI・KPIを検討していく際のワークシートの全体体系図です。中長期の目線で、部門としてどのような変革後の姿をねらうのかという視点を持ちながら、上から順に検討していく形になります。取組みテーマ（図の右側）とは、部門が担う定常的な業務・機能（図の左側）に対して、期間限定で対応するプロジェクトやタスクフォース的な事項と捉えてください。

　機能の将来像や取組みテーマのねらいとするところなどが不明確、ないしこれから検討する必要があるという場合には、その時点で成果KPI（KGI）や成果物を設定するのではなく、オプションと

図2.17　KPI設定プロセスにおける基本方針要検討テーマの扱い

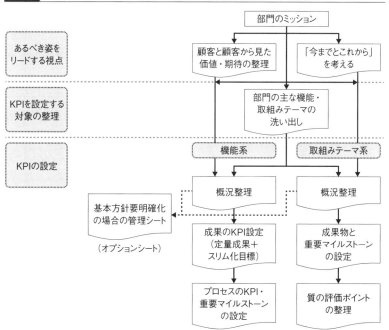

図2.18 基本方針明確化のための整理シート（イメージ）

対象機能・取組みテーマ：「　　　　　　　　　　　　　」

明確化する項目 （どのようなことを明確にしますか？　明確にすべきですか？） （箇条書きで具体的に記述）		対象	明確化 完了時期
明確化に向けたマイルストーン・手順 （何を）	時期 （いつまでに）	水準 （どのような状態に）	明確化のための推進体制
			想定投入工数・投入人員
当機能に対してのKGI・KPIの設定時期			

して「基本方針の明確化が必要な状態」として位置付けることとしています。経営活動のあるタイミングで見れば、方針がまだ明確になっていない戦略課題・改革テーマは常にいくつかあるはずです。それらに対しては、ムリにKGI・KPIを設定するのではなく、明確化するための期間と明確化のための手順と体制などをまず整理するという考え方に立っています。

　図2.18は、基本方針の明確化が必要な場合の整理シートのイメージ例です。明確化に向けたマイルストーン・手順の最後は「KGI・KPIの設定時期」としており、その設定後は、他の機能・テーマと同様に、KPIのPDCAプロセスに乗っていく形になります。

ビジョンをKPIでマネジメントする②

KPIを活用した組織の健全性のモニタリング
―人・組織の点検項目づくり―

「経営は人」を実践するには

　経営者の方々との会話の中で、「やっぱり経営は人である」というお話をよく耳にします。多くの企業の経営理念・ビジョンの中で、人・人材を大切にする旨が掲げられています。しかし一方で、「大事にしたい考え方・価値観が浸透しない」「組織が活性化しない」「人材の質があがらない」「良い人材を集めることができない」という悩みもよく伺います。

　コンサルティングを通じて経営管理の仕組み・制度の見直しを支援する中で、必ず出てくるのは「制度・システムだけを入れ替えてもダメだ。最後は人の意識の問題だ」という声です。経営管理の仕組みの背景にある「考え方」を根付かせていくことに各社は腐心されています。

　経営者に「人・組織に関する課題解決は経営の重要事項だ」という意識が高い一方で、多くの会社でその課題解決が十分に進まないという現実があるのです。

　広く導入が浸透しているバランスト・スコアカードには、4つの階層があります。財務成果の実現に向けて、「顧客」「内部プロセス」「学習と成長」の各視点からの戦略課題と目標を展開していきます。そして、4階層の最後に登場する「学習と成長」は、いわば「人・組織の戦略課題と目標」と読み替えることができます。戦略の策定と実行の底流には「人・組織」についての戦略課題があり、それらを解決しない限り、安定的な成

果の実現は保証されないことを意味しています。

「点検項目づくり」が組織力を高める

　課題解決の1つとして、人・組織の戦略課題についてKPIを設定するという方法があります。組織や人材が良い方向に向かっているかをウォッチする「点検項目づくり」と言い換えることもできます。

　「具体化されないものは管理されない、管理されないものは改善されない」、つまり生産管理・品質管理・財務管理と同じように、人・組織の戦略課題についても定性的な課題のまま放置せずに、管理すべき対象を具体的に設定し、指標を活用したマネジメントを行っていくのです。

退職者の質をチェックしているか

　皆さんの会社では、入社者・退職者の数が定期的に経営会議などで報告されているでしょう。では、その際に「退職者の質」は一緒に報告されているでしょうか？　「退職した人は、質が高かったのか、そうではないのか？」「業績・成果をあげていた人かどうか？」という視点です。

　多くの優秀な人材が辞めていっているとしましょう。これはなんらかの人事マネジメントや組織運営のまずさの兆候ととらえるべきです。原因は組織風土、幹部・管理職のマネジメント、報酬制度・給与水準などなど、いろいろと考えられますが、何かまずい問題が起こっていると考えるべきです。

　一方、成果があがっていない人材、能力向上の取組みが十分でない人材が多く辞めていっていたとしましょう。この場合は断定はできませんが、「評価制度が厳格に運用されている」「組織としての自浄作用が働いている」という見方もできます。

人材の質を何で測定するかという問題はありますが、退職者の数だけではなく、質にも着目することは、人事マネジメントの健全性を見るうえで極めて重要なKPI（点検項目）です。人事制度の運用、人材活用、組織風土活性化、社員モチベ―ション向上など、さまざまな人・組織課題を認識するモニタリング指標として、各社に点検項目に含めることをお勧めしている項目の１つです。

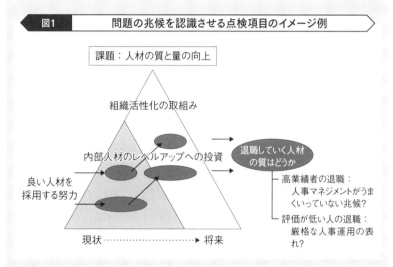

図1　　　　　　　問題の兆候を認識させる点検項目のイメージ例

課題：人材の質と量の向上

組織活性化の取組み

内部人材のレベルアップへの投資

退職していく人材の質はどうか

良い人材を採用する努力

├ 高業績者の退職：
　　人事マネジメントがうまくいっていない兆候？

├ 評価が低い人の退職：
　　厳格な人事運用の表れ？

現状 …………………▶ 将来

自社に合った人・組織の点検項目を考えてみよう

　このように、経営課題の解決、事業戦略の実行を進める上で、人・組織の側面からの具体的なKPI（点検項目）を設定し、モニタリングしていくことが重要です。これは「指標管理を徹底して、厳格な達成管理を行う」ものとは少し異なります。指標のモニタリングを通じて、組織の運営状態や健全性を阻害している兆候を認識するのが第一の目的です。定量的な事実から、課題・問題点を想定し、課題解決のための討議を行うという流れを、人・組織課題の領域にもつくり込んでいくとの

考え方です。

　したがって、人・組織のモニタリングのKPIは、当初はたった1つの指標だけを追いかけていく形でも構いません。「経営幹部が部門横断の視点で、重要な点検項目を見ながらより良い組織づくりのために対策を検討している」、このような姿勢と習慣が、中長期の組織力向上につながっていきます。

図2　　　　　　　人・組織の点検項目づくりの全体像

1. 人・組織面の課題認識の共有化

2. 課題の構造化

3. KPI（点検項目）の選定

4. 人・組織のスコアカードの作成

5. スコアカードによるPDCA

6. KPI・スコアカードの見直し・進化

　参考までに、「人材育成の強化」というテーマに対して、KPI（点検項目）として設定される指標の代表例を示します。「すべての指標をKPIとしてモニタリングするべきである」ということではありません。指標例を参考にしながら、自社の人・組織課題を踏まえて、追いかけるべき指標を2つから3つ程度に絞ってみるとよいでしょう。その絞込みの検討過程が「自社に合った点検項目づくり」です。

図3	人材育成の強化に関するKPI例	

KPI	指標の概要（定義）	補足
戦略的スキル保有人材数・増加率・増加数	業戦略上必要なスキル・ノウハウを保有する人材の数	会社の事業課題に沿った戦略的スキルの定義が必要
必要資格取得件数・増加率・増加数	事業戦略上必要かつ会社が取得を奨励する資格を取得した人材の数	会社の事業課題に沿った必要資格の定義が必要
重点素養の保有人材数・増加率・増加数	重点課題と認識した素養（リーダーシップ・コミュニケーションスキル等）を持つ人材の数	客観テストの活用、多面評価の活用
戦略的スキル・必要資格・重点素養の保有人材の退職者数	退職した人材の中で会社にとって重要なスキル・資格・素養を保有していた人材の数	人材マネジメントの有効性評価のサポート
スキル・資格・素養対　業務成果相関度	スキル・資格・素養の保有の有無と業務成果との相関関係を測定	育成課題の設定の正しさを検証
重点教育研修テーマの研修時間	重点教育研修・人材育成テーマに対する教育研修時間の総数	
教育研修に対する投資対効果	研修時間・研修費と戦略的スキル・保有資格・重点素養の増加との相関関係を測定	各育成課題別に測定がベター
重点育成人材に対する1人当たり研修時間	重点育成対象となっている人材に対する1人当たりの教育研修時間	対象を全社員等に拡げて社員1人あたりとして測定も可
重点育成人材に対する1人当たり教育投資額	重点育成対象となっている人材に対する1人当たりの教育研修投資額	対象を全社員等に拡げて社員1人あたりとして測定も可
教育研修プログラムについての受講者満足度	教育研修プログラムに対する受講者の満足度（研修プログラムそのものへの満足度、業務への有効活用に関する満足度等）	各研修プログラムごとに測定がベター
教育研修プログラムについての派遣元部署の満足度	教育研修プログラムに派遣した派遣元の上司が各研修プログラムの有効性（費用対効果・業務成果への有効度・派遣者の変化など）を評価	受講者評価と合わせて見ることが有効
教育研修プログラムの受講比率	受講すべき対象者のうち、実際に受講した人数比率	プログラムの有効性評価、部門別の人材育成への姿勢評価
重点育成テーマに関するOJT実行度	重点育成テーマに関してのOJTが行われているかどうかをOJT時間数、ミーティング回数等で評価	
人材育成姿勢についての部下評価	管理職の人材育成姿勢、OJTへの取組み姿勢について部下評価・多面評価	OJT実行度評価のサポート
人材育成に関する従業員満足度	会社の人材育成施策についての従業員の満足度を測定	
人材育成に関するコミュニケーション時間・回数	人材育成に関して行われるべきコミュニケーション・打ち合わせへの投入時間・実行回数等を測定	
個人別育成プラン達成度	個人別の育成プラン・能力向上テーマ・取組みの実行度・達成度を測定	部門別に集計することで部門の取組み評価に活用
人材配置の有効度・ミスマッチ度	保有スキル・資格・素養とミスマッチを起こしている人材配置が多発していないかを測定・管理	

101

KPIマネジメントを
うまく活用できなくなる要因 2
─KPI の運用（Do-Check-Action）の側面─

　第3章では、第2章に続いて「なぜ KPI マネジメントをうまく活用
できなくなるのか？」の要因を整理していきます。第3章では主に、
KPI の運用・活用（PDCA の「D・C・A」）の側面における要因を中心
に整理しています。

結果管理に寄りすぎ

　まず最初は、結果管理に寄りすぎてしまい、プロセス管理が弱いという要因です。

　第2章では、KPIマネジメントがうまく活用できない要因の1つに、設定時に「KGI・目標に偏りすぎ」があり、その対策として、CSF（重要成功要因）の検討に注力することの重要性を整理しました（図2.11、図2.12）。

　しかし、せっかくCSFを検討してよい形でKPIを設定できたとしても、実際の運用の場面でそれを活用しなければ、結局意味がありません。

　KGI − CSF − KPIのセットをしっかり検討・設定しているにもかかわらず、期中のマネジメントが結果管理だけに終始してしまう（KGI・結果だけを見てしまう）とどうなるでしょう？　当然ながら、管理指標としてのKPIの位置づけが下がってしまいます。KPIを設定していても、マネジメントの中であまり使われないと、部門・現場はそのKPIのデータを報告したり、それを活用して対策を検討するということが徐々におろそかになっていきます。形骸化の始まりです。

》 プロセス管理を組織風土に根付かせる

　結果を重視するということ自体は、決して悪いことではありません。また、結果管理に寄りすぎてしまうのは、その企業が長年蓄積してきた組織風土でもあります。したがって、KPIマネジメントを導入しただけで、すぐに「プロセス管理を重視する考え方・組織風土」に転換されるかというと、なかなかそうたやすいことではありません。

　また一方で、KPIマネジメントの導入や、導入後の運用の見直しで弊社に相談される企業は、その理由・背景を尋ねていくと、「当社は結果管理に寄りすぎている。もっともっとプロセス管理を重視していきたい」という経営者・経営幹部がとても多いという実感があります。つまり、経営者・経営幹部は、自社のマネジメント・組織風土の課題は認識しておられ、かつKPIマネジメントの考え方がプロセス管理の強化に役立つことも理解されているのです。

　では、図3.1にあるように、「成果をあげるためにプロセスを管理する」という考え方や組織風土を強化・根付かせるにはどうすればよいのでしょうか。良くも悪くも、結果重視の組織風土が根付いてしまっている企業では、時間をかけて取り組む覚悟が必要です。そして、KGI－CSF－KPIの考え方を愚直に使っていくことを組織内に浸透させ続ける必要があります。また、後述する要因（フォローのプロセス・運用ルール・サポートの仕組みなど）への対策と合わせて、総合的に取り組まなければなりません。第4章で提示する「KPIマネジメントを再構築するための進め方」と合わせて参照し

図3.1　プロセス管理を重視する組織に

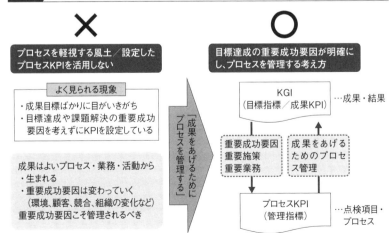

てください。

》評価制度における結果指標と管理指標

　結果管理に寄りすぎの風土を変えていくためには、KPIマネジメントの手法以外の要素を組み合わせていくことも必要です。とくによく検討されるのが、評価のあり方・評価制度の見直しです。組織としての部門の評価（業績賞与などの配分につながる）や部門の責任者である部門長・部長クラスの評価のあり方が論点になるケースが多くあります。

　これまでの評価制度が、結果指標を中心とする評価になっている場合、結果指標（KGI）と合わせて、管理指標やプロセス指標（KPIや重要施策の進捗）を評価の対象に加えていくような形です。

　ただ、部門や部門責任者の評価とは、本来「結果責任」に対しての評価ともいえるので、そこにプロセスの評価をどの程度盛り込むかについては、さまざまな考え方があるところです。

　ある企業では、部門、部門責任者の評価を、「結果指標（KGIの達成状況）を主としながら、重要施策の進捗（KPI）を補足的に加味する」という考え方をとっています。また、別の企業では、部門の評価は基本的に結果指標（KGI）だけで行うが、部門の責任者を含む部門の管理職の評価は、結果指標と管理指標の双方を加味して行うとする考え方をとっています。

　いずれにしてもこれが正解というものはなく、各企業の実状や、現在・将来のマネジメント改革において何を重視していくかという点から組み立てていくとよいでしょう。逆説的ではありますが、「結果指標とプロセス指標を、部門、部門責任者、管理者の評価にどのように適用するか」という議論を行うことが、その企業の中に「プロセスを重視する考え方」を根付かせていくということにつながっていくのかもしれません。

状況把握と修正アクションが不十分

次に、設定したKPIに対するフォローのプロセスが不十分であるという要因です。

先に述べた「結果管理に寄りすぎ（プロセス管理が不十分）」とオーバーラップする部分がありますが、設定した計画に対して、期中の活動の中での状況把握と修正アクションが不十分である状況です。

» 計画のつくりっぱなしからの脱却

「計画は一生懸命につくるが、計画ができると目標が達成できたような気になってしまい、その後のフォローがまったくない。つくりっぱなしの計画になっている」であったり「当社はPDCAが回っていない。Plan – Plan – Planというように、計画ばかりをつくっている」というお話しを相談の段階でよくうかがいます。

KPIマネジメントの導入や再構築を機に、組織に「計画のつくりっぱなし」からの脱却をしていきたいというねらいを持つ企業は多いのです。

図3.2をご覧ください。経営計画・事業計画であれ、部門や課の業務計画であれ、PDCAをしっかりと回すためには、「計画の位置付け」「計画策定のプロセス」「計画の管理・フォロー」が適切に行われなければなりません。本項で関連するのは「計画の管理・フォロー」です。仮に計画のあり方・計画策定プロセスがよい形で進められていても、「管理・フォロー」がおそろかならば、結果的に計画策定自体があまり意味のないものになってしまいます。

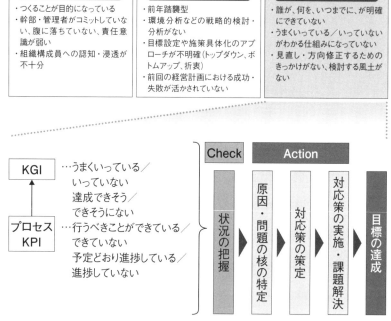

図3.2 状況把握と修正アクション（計画の管理・フォロー）

リーダーがPDCAを回していない

計画の位置付け	計画策定のプロセス	計画の管理・フォロー
・つくることが目的になっている ・幹部・管理者がコミットしていない、腹に落ちていない、責任意識が弱い ・組織構成員への認知・浸透が不十分	・前年踏襲型 ・環境分析などの戦略的検討・分析がない ・目標設定や施策具体化のアプローチが不明確（トップダウン、ボトムアップ、折衷） ・前回の経営計画における成功・失敗が活かされていない	・誰が、何を、いつまでに、が明確にできていない ・うまくいっている／いっていないがわかる仕組みになっていない ・見直し・方向修正するためのきっかけがない、検討する風土がない

状況把握だけではなく、原因・問題の特定や対策の検討・実施と効果確認にKPIを用いる

» PDCAのC：タイムリーな状況把握

　KPIマネジメントの取組みでは、まずPDCAのC（チェック）をタイムリーに行うことです。「うまくいっている／いっていない」「達成できそう／できそうにない」をKGIの把握・見込みを通じて行うことが必要です。

　また、プロセスKPIの状況把握を通じて、「行うべきことができている／できていない」「予定どおりに進捗している／進捗していない」を把握します。

»PDCAのA：原因の追求

次に、状況把握をもとにしたPDCAのA（アクション）です。KGI・KPIの状況だけから判断するわけではないですが、目標達成に向けての進捗で課題・問題がありそうなときには、適切なタイミングで原因を探り、必要な対応策を検討・実施していく必要があります。リーダー・管理者の役割とは、図3.2にあるような管理・フォローのプロセスを動かしていくことであり、そこで認識した問題・課題に対して、原因追求・対策検討が進むように指示・働きかけていくことです。

現実には、このチェック・アクションの活動をしっかりと行われていないケースが多いようです。せっかく多くのエネルギーを投入してKGI・プロセスKPIを検討・設定したにもかかわらずです。そして、検討結果がマネジメント活動の中で使われなくなってくると、他の要因と同様に、部門・現場にとっては、徐々にKPIマネジメントに取り組む意義が薄れてきてしまうことにつながります。

そうならないためには、一にも二にも、事業責任者クラス、部門責任者クラスのリーダー層が、KGI・プロセスKPIを用いてしっかりとマネジメント活動を進めることです。また、以降で要因としてあげる運用ルールの問題、現場へのサポートの問題などと合わせて総合的に対応していくことが必要ですが、もっとも大切なのはリーダー層の意識であり、活動です。

»事務局はペースメーカーの役割

事務局が意図的に管理・フォローの活動に向かうように、仕掛けていくということも有効です。

KPIマネジメントの活動は、経営企画部門や管理部門などが旗振り役・事務局機能となって、導入、進捗管理の活動を企画・推進する役割を担っているケースが多いでしょう。多くの企業で行われて

いることですが、旗振り役・事務局としての経営企画部門などが、定期的にKGI・プロセスKPIの進捗状況を確認していくのです。

各部門にとっては、その確認がペースメーカーとなります。もちろん、ペースメーカーの役割がなくてもチェック・アクションが進むことが理想ですが、それを補完することで、全社活動としてのKPIマネジメントの底上げが図られていきます。

また、その進捗状況の確認の際に、各部門が感じているKPIマネジメントの活動への要望や困りごとなどを吸い上げ、改善に活かしていくということもよく行われています。

うまく活用できなくなる要因⑩

運用ルールが不十分

≫運用ルールの重要性

次に、KPIマネジメントを進める上での運用ルールが不十分だという要因です。

第2章では、枠組み・フォーマットの体系化が不十分であることが、KPIマネジメントをうまく活用できなくなる要因になりえると述べました。KPIの活用の場面においても、同様の課題が多く発生します。期中の経営管理活動において、どのようなプロセスとルールで「Do - Check - Action」を行っていくかを十分に定めないまま進めてしまうケースです。

この状況に陥ってしまう要因はさまざまです。単に、経営者・経営幹部から「できるだけ速やかにKPIを設定し、活動をスタートせよ」との指示があり、「KPIの設定に終始してしまった」という場合もあるでしょう。

また、複数の事業を営んでおり、各事業・事業部によって経営管理の仕組みや習慣が異なる場合は、なかなか統一した運用ルールが

つくりにくく、ルール・プロセスの明確化が不十分になってしまう場合もあります。工場・海外現地法人など拠点・法人が数多くあり、管理やシステムがそれぞれに異なっているようなケースも同様です。

KPIマネジメントを全社的に展開する第1ステップとして、特定の事業部や部門が先行して取り組むようなケースがあります。取組み方法としてはオーソドックスですが、その際先行する部門の視点だけで運用方法を検討してしまい、他事業・他部門に展開するときにうまく適合しにくくなるケースもあります。

その意味で、KPIマネジメントに取り組む際には、経営企画部門などの事務局機能の推進力が大事な要素となります。KPIマネジメントがしっくりいっていない状況で再構築を検討する際には、まず事務局機能のあり方を検討し、事務局リードで運用ルール・プロセスを整理・徹底していくような形をとることが重要です。

「運用ルール・プロセスがない」「統一・整合性が不十分」だとどうなるでしょうか。各部門ごとの取組みに不具合はないかもしれませんが、事業全体ないし企業全体として見ると、運用ルール・プロセスの不具合は、KPIの報告プロセスや、KPIを活用した問題検知・対策の検討・部門間での連携活動の推進の面で不具合につながっていきます。

なにごとも「実行」が大事です。KPIを設計する段階において枠組み・フォーマットを整理・体系化することも大切ですが、それ以上に、KPIを活用する段階の運用ルールの明確化と徹底が重要です。前者は、KPIマネジメントを進めていく中で、KPIの見直しという形で修正可能です。後者も運用していく中での見直しは可能ですが、いったん各事業部・部門で動き出したプロセスの変更には、相応の抵抗感も生まれてくるからです。

» すべてが統一される必要なし

運用ルール・プロセスの整備は、必ずしも「すべての事業・部門の運用ルール・プロセスの統一」を意味するのではありません。会計・業務管理の仕組み・システムはそれぞれ異なり、すぐに統一できないのが通常で、それぞれの事業・部門における業務の流れ自体には、そうでなければならない理由があります。

したがって、運用ルール・プロセスを整備する際には、「KPIマネジメントで何をどうマネジメントしたいのか」を検討し、目的に応じて「全社的に共通化する部分」と「事業・部門での任意での運用とする部分」とを区分することが大切です。全体としての目的を確保するとともに、各事業・部門の業務管理に支障をきたさない形とするのが基本です。

図3.3は、KPIマネジメントの運用設計を進める際の主要検討事

図3.3　KPIマネジメントの運用設計における主要検討事項

状況把握・検討の場	把握・判断の方法・ルール	判断・調整のアクション
どのタイミングで、誰が、何を、どのように把握・判断するか？	KPIの進捗・達成状況の表記・見える化のルール、そのために必要な仕組み・ツール	判断・部門間調整などのアクションの進め方の基本ルール

- ● 準備作業（各社共通的な事項）
  - ・指標の定義の確認・整理
  - ・データ取得方法の確認と代替案のKPIの検討
- ● 運用のプロセス・ルール（各社共通的な事項）
  - ・PDCAのプロセスと会議体（どのタイミングで誰が・なにを　など）
  - ・運用における主な役割・体制
  - ・表記・見える化のルール
  - ・見える化のための仕組み・ツール
  - ・振り返りの場とその進め方
- ● 補足的検討事項（各社の状況による）
  - ・情報開示・情報共有のルール
  - ・調整事項・バッティング事項への対応方法
  - ・KPI・目標値の見直しのプロセス
  - ・外部環境などの状況変化への対応
  - ・個人の目標管理・評価制度などとの関係　　　　　　　　　　　など

項を整理したものです。弊社がKPIマネジメントの導入支援を進める場合、「KPIマネジメントに取り組む目的の整理」「幹部・管理職を対象としたKPIの考え方の説明・浸透」「実践でのKPIの設定のサポート」とともに、必ず「運用ルール・プロセスの設計」のタスクを組み込みます。

　通常は、KPI設定を進めている行程、すなわち「どのようなKPIが設定されてくるか」「それはどのように経営管理に活用されるか」がおおむね見えてきた段階で運用ルール・プロセスの設計を行います。

うまく活用できなくなる要因⑪

現場へのサポートが不十分

　次に、KPIマネジメントの運用における現場へのサポートが不十分であるという要因です。第2章では、KPI設定時の現場への支援・教育の必要性について整理しました。同じように、活用・運用の段階においても、現場へのサポートが不十分だと、企図したマネジメント活動が機能しなくなり、形骸化への道をたどる可能性が高くなってしまいます。

　現場に対するサポートのあり方を考える上では、2つの側面があります。1つは「現場にとっての業務負荷」、もう1つは「KPIマネジメントを進め方についてのサポート」の側面です。

» 現場の業務負荷を軽減する

　まず、業務負荷の側面では、KPIマネジメントを進めるための現場にとっての業務負荷・手間をいかに抑えるかという観点です。KPIマネジメントに取り組むと、これまでの業務管理・経営管理の活動に対して、なにかしらの負荷・手間が追加されることになりま

す。設定したKPIの実績情報の収集、目標と実績との差異の報告や見える化、その分析や対策の検討などです。

　もちろん、よりマネジメントがよくなるための活動ですから、必要ないことが増えたわけではありません。しかし、そのために多くの手間を生んでしまうのならば、継続的な取組みとしての難度があがってしまい、徐々に熱が冷めてしまうリスクがあります。

　したがって、部門・現場の業務負荷は極力増やさないように設計することが非常に重要な観点です。しかし、これを考慮せずに進めているケースは、思いの外多いものです。

　負荷・手間を過度に増やさないための重要な視点として、ITの活用があります。運用の初期段階では、実績収集などで活用するシートを標準化して、現場の負荷軽減を検討することが多いのですが、長く運用するためには、データ収集や見える化をサポートするITツールを導入していくことも負荷軽減の有効な手段です。とくに一定以上の規模の企業になると、エクセルなどの表計算ソフトでは限界があり、なにかしらのITツールの検討が必要になるケースが多くなります。

　図3.4（再掲）は、見える化とKPIマネジメントのプロセス推進を一体化して管理するマネジメントプラットフォームの要素です。図にあるような要素をすべて含めるかどうかは、各企業における取組み内容によります。KPIマネジメントの設計と運用を企画する段階で、目的にあったサポートツールを選定・設計するために、事務局やコンサルタントなどが検討・選定することが一般的です。

　KPIを数多く設定し過ぎて、業務負荷に影響していることもあります。これはKPI設定における課題・要因ではありますが、2章で触れたように、KPIマネジメントの目的・位置づけが明確でなく、「あれもこれも」と目的が増えてしまい、KPIが乱立し、業務負荷も過剰になるというケースです。業務負荷の面からも、目的の明確

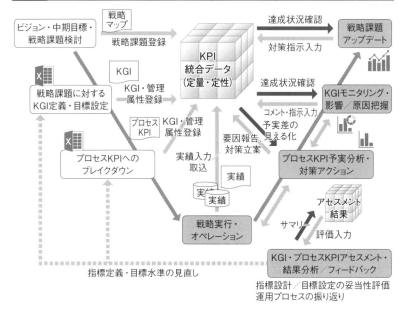

図3.4　KPIマネジメントプラットフォームのイメージ（再掲）

化、KPIマネジメントの取組み対象の重点化が大事になってきます。

» 事務局のサポート機能

　2つめは、KPIマネジメントの運用が現場任せになってしまい、取組み方法に対して現場が疑問・不安を持ちながら進めてしまう形です。運用が軌道に乗るまでの1、2年は、KPIマネジメントへの共通認識を高める・維持する意味でも、本社・企画部門などの事務局機能をしっかりさせておくことが大切です。

　具体的には、部門・現場からのQ＆Aにタイムリーに対応したり、部門によって進め方や推進内容に差異が発生しないようにモニターするなどです。事務局が設置されていなかったり、機能が不十分だったりすると、時間の経過とともに、形骸化の道に向かってし

まうケースが多くなります。

「サポート機能」の要素の1つに、KPIマネジメントの運用段階における部門・現場に対しての教育サポートがありますが、これは次項の「振返り」のところで触れます。

「業務負荷の軽減」「サポート機能」のいずれにおいても、大切なのは現場の目線に立つことです。これはKPIマネジメントに限らず、新しい制度・プロセス・経営管理の仕組みを導入・展開する際、共通することですが、ややもすると、企画・管理サイドの目線で進めてしまいがちです。しかし、実際に業務や管理を行うのは部門・現場です。その目線でどのような業務運用ならばムリがないのか、現場の時間余力、人材のマネジメント経験・スキルから見て、どのようなサポートが必要かという観点を持つことが大切です。

KPIマネジメントの運用を支える仕組み②

Excelの限界、Excel依存からの脱却

KPIマネジメントがなかなか定着しない、もしくはいつの間にか形骸化してしまうという1つの要因として、運用を支える仕組み（管理システム・ツール）の問題があげられます。

実際にKPI管理を行うためには、KGIやプロセスKPIとなる各指標の計画値や、実績値のデータを各部門から収集し、達成状況を見える化・分析する仕組みが必要となります。しかし、KPIとして管理すべきデータには、財務会計・管理会計はもちろん、販売・生産・人事といった非会計分野のものも多く含まれます。近年では、さらにリスク管理やSDGsなど新たな分野も加わり、それら多様なデータを統合的に管理できるシステムの構築は容易ではありません。そのため、現状多くの企業で

は、KPI管理ツールとして「Excel」を駆使しています。分野ごとにデータ構造が異なっていたり、システムが分かれていたりすることによる煩雑さを、Excelという便利なツールと人の手間によって吸収しているのです。

　Excelは誰にとっても使いやすいので、データの収集・加工・レポーティングのすべてをExcelだけで実現できてしまいます。その結果、何段階にもわたって人手による加工を経て、ようやく集計や分析ができる「Excelのバケツリレー」の仕組みができあがるのです。さらに、その仕組みは年々巨大化・複雑化していきます。

　Excelは自由度が高く、かつ圧倒的市民権を得ている標準ソフトウェアで、複数のデータをまとめて管理し、そのデータを

図1	Excelの限界-1

Excelのバケツリレー

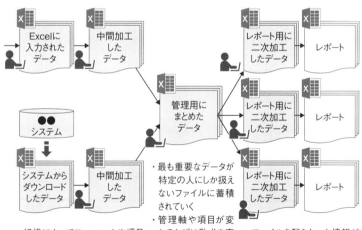

・組織によってフォーマットや項目定義が異なるため、集めたExcelデータの変換や名寄せが必要
・システムから落としたデータがすぐに使えないため、不要項目の削除や管理項目の付加などが必要

・最も重要なデータが特定の人にしか扱えないファイルに蓄積されていく
・管理軸や項目が変わるたびに数式や表のつくり直しが発生
・取り扱うデータや活用目的が増えるに連れて、構造がどんどん複雑になっていく

・ファイルを配らないと情報が行き渡らない
・容易に配布・拡散できるが、回収や再配布は困難
・見る人にとってデータの素性がわかりづらい

用いて分析を行うには、とても取っ付きやすいツールではありますが、それによる弊害も多々あります。早い段階でExcelの限界に直面してしまう企業も少なくありません。

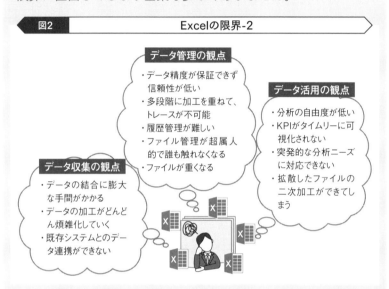

図2　Excelの限界-2

データ管理の観点
・データ精度が保証できず信頼性が低い
・多段階に加工を重ねて、トレースが不可能
・履歴管理が難しい
・ファイル管理が超属人的で誰も触れなくなる
・ファイルが重くなる

データ活用の観点
・分析の自由度が低い
・KPIがタイムリーに可視化されない
・突発的な分析ニーズに対応できない
・拡散したファイルの二次加工ができてしまう

データ収集の観点
・データの結合に膨大な手間がかかる
・データの加工がどんどん煩雑化していく
・既存システムとのデータ連携ができない

　「いつかはちゃんとシステム化しなくては」「Excel依存から脱却しなくては」という課題意識はありつつも、手間さえかければ、それなりに管理ができてしまうがゆえに、KPIマネジメントなどの経営管理領域では、積極的なIT化が行われない傾向が強いように感じます。

　下記は、システム化が進んでいない企業でよく耳にするコメントです。

KPI管理のシステム化を阻害する意識

- 生データをExcelで落とせれば、レポート作成は手作業でOK

- うちの会社にはまだ早い、まずはExcelで

- 見える化よりも元データの整備が先

- 既存システムがサイロ化されているから、データの統合は難

しい

● うちの会社規模では費用対効果が…

　IT業界では「脱Excelと活Excelの両方が大事だ」という提唱や「結局Excelに勝てるシステムはない」という意見も目にしますが、管理プロセスのどこかにExcelが残ってしまうと、一時的にExcel群が整理されただけで、そのうちまた属人的で煩雑なExcelファイルが増殖することになってしまいます。これでは、いつまで経ってもデータ管理の効率化やKPIの見える化は進みません。

　一方、KPI管理のシステム化・高度化に成功している企業では、「Excelでのデータ加工・レポート作成の全面廃止」といった思いきった大方針をトップダウンで打ち出して、大胆に仕組みを変える覚悟で積極的なIT投資を行っています。データ集計や加工といった非付加価値作業を排除し、KPIがタイムリーに可視化されると、自然とPDCAサイクルは回り出し、KPIマネジメントの本来の目的である業績向上・目標達成に向けた好循環のエコシステムが構築されます。そういった意味で、Excel依存からの脱却は、若干極端かもしれませんが、KPIマネジメントの1つの成功要因だといえます。

　56ページのコラム「KPIマネジメントの運用を支える仕組み① KPI管理のシステム化」では、Excel依存からの脱却へのヒントとして、目指すシステム像やシステム化のアプローチを示しています。

振返りの場がない

» やりっぱなしでは定着しない

　次に、振返りの場がないという要因です。

　KPIマネジメントの導入プロジェクトを支援する際に、経営幹部からよく聞かれる質問があります。

　「当社の場合、新しい制度・取組みを始めるところまではよいが、浸透・定着しきれないことが多い。KPIマネジメントはしっかりと浸透・定着させたいが、そのためのポイントとは何か？」という質問です。

　その際は必ず「振返りの活動を行ってください。少なくとも、始めてから2事業年度は振返りの活動を行うようにしてください」と回答しています。

　どのような制度・仕組みでもそうなのですが、やりっぱなしでは絶対に定着しません。多くの企業は導入することにエネルギーが向かい過ぎてしまい、導入後の見直しや改善が不十分になりがちです。その結果、徐々にKPIマネジメントの位置づけが下がってしまってしまうのです。

　大切なのは、徐々にでもよいから進化・改善させていくという視点です。KPIマネジメントの考え方を最初から組織全体が理解し、推進できるケースはマレです。むしろ、最初は60～70点レベルでよいと考えるべきです。大切なのは、初年度よりも2年目、2年目よりも3年目というように、組織内で理解・活用する部門が増えたり、各部門の工夫の中でニーズに合った活用方法が増えていくということです。よい活用法が増えてきて、KPIマネジメントの有効性を認識する部門・管理者が増えてくると、岩が動くと同じように、浸透のスピードとエネルギーも高まってきます。

「2事業年度は振返りをしてほしい」というのは、1年度目の振返りを行うことで、うまくいったこと、いかなかったことが明確になり、必要な改善がなされるようになるからです。また、うまく活用しているケースを社内で共有することで、「やればできる」という意識が浸透します。さらに振返り結果を活かして、独自の工夫を行う部門も出てきたり、うまく取り組めなかった部門が刺激を受けるなど、全体の活性化が進みます。そして、2年度目終わりの振返りでは、多くの部門が一定の成果と有効性を感じるようになり、さらに翌年度に前向きに向かうようになります。

このように、考え方と実践を自社の特徴に合わせて馴染ませていくには、これまでの経験上、2事業年度はPDCAサイクルをしっかり回すことが大切です。そして、しっかりと回すために「意図的に振返りの場をつくるべきだ」と考えます。

では、振返りはどのような観点で行えばよいのでしょうか？　図3.5にあるような6つの観点を中心に、KPIマネジメントを「進化・ブラッシュアップするためには？」という観点で行ってください。導入対象である各部門の振返りを主として行いながら、企画部門・事務局がその全体的な傾向や全社的な対応策をまとめていくような形が一般的です。

図3.5　振返りを行い、次につなげる

振返りを行い、次につなげる

進化・ブラッシュアップさせるべきこと(=振返りの観点)

KPIそのものの妥当性	KPIの設定方法
KPIの目標水準の妥当性	PDCAでの活用方法
重要成功要因・重要業務など	組織内コミュニケーション

結果評価
振返り

戦略検討
KPIの設定

モニタリング
軌道修正

戦略実行
業務遂行

≫振返り活動の取組み事例

　事例によって取組みを見ていきましょう。図3.6をご覧ください。この企業は、売上高が数千億円規模という大手企業です。非常に恵まれた事業環境が長く続いたこと、競争がさほど激しくない業種であったことなどから、経営計画・経営管理では、事業目標を達成するための各部門の目標・戦略の明確化、その達成状況・実行状況の明確化や評価を行ってはいませんでした。

　しかし、徐々に経営環境が変化し、事業採算性の低下と国際的な競争環境の変化が生じ、かつ、今後も環境変化のスピードアップが見込まれる状況となってきました。PDCAサイクルをしっかりと回し、継続的に事業改善を進める組織運営・経営風土への転換が求められるようになってきたのです。

　そこで経営幹部は、事業改善を進めるための経営管理の枠組みとしてKPIマネジメントの考え方を導入することにしました。

　図3.6は、新しい経営管理（KPIマネジメント）の全体像を幹部・管理職に示すために用いた資料です。これまでは毎年、形式的に中長期計画を洗い替えているだけでしたが、より具体的に検討・策定して、その達成に向けて各部門が達成すべきこと、やるべきことを、KGI・プロセスKPIとして明確化していく枠組みです。

　コンサルタントは、中長期計画・戦略の方向性がおおむね整理された段階から参画しました。同社に適したKPIマネジメントとはどういうものかについて最初に経営企画部と討議した上で、各部門のKPIの設定を進めました。

　ただ、この企業では目標や重要施策の検討を従来十分行っていなかったので、KPIの設定は不慣れであり、アレルギー的な反応も多少なりともありました。

　プロジェクト事務局（経営企画部・コンサルタント）は、組織風土の中に新しい経営管理の考え方を浸透させるには「長期戦」とし

て取り組む必要があるとの認識のもと、初年度のKPI設定と並行して、半期ごとの振返り活動を継続的に行うことにしました。日常のDo - Check - Actionを進めるとともに、半期ごとに「振返りセッション」という場を設けました。ここでは、結果の良否の要因や取り組めなかった要因を整理し、次年度はどう取り組むかを検討していきました。

　図3.7は、2事業年度にわたって半期ごとに行った振返りセッションの進め方を整理したものです。振返りを行った結果は、各部門・現場に対してフィードバックするとともに、各部門が困っていること、全社的に対応が必要なことなどを整理して経営幹部に提言し、次年度の経営施策に活かしていきました。

　この企業では、それまでの組織風土やKPIマネジメントのような

図3.6　取組みの全体像と振返り活動の位置づけ

目標：自己改善による着実な事業推進のためのPDCAサイクルの構築

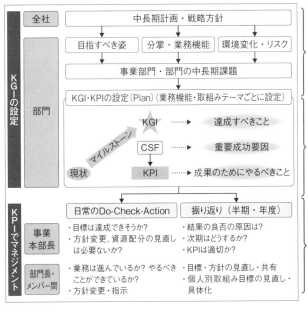

123

図3.7 振返りセッションの進め方

内容

●前年度策定したKGI・KPIの振返り、PDCAにおける未実行要因の整理を行うことで、活動の定着化を目指す

●対象組織ごとに1.5〜2.5時間程度のフォローアップセッションを1、2回実施し、活動の進捗を確認する

●進捗を確認する中で、次の活動に向けてのフィードバックを行うとともに、経営幹部に対するフィードバックを実施する

フォローアップの視点

・やるべきことはできているか?
・やるべきことができていない理由は何か?
　(実行上の難所、本部への要望など)
・成果はあがっているか?　　　　　　など

現場へのフィードバック

・次期計画策定上のポイント(目標設定、強化すべき活動・施策)
・現場の個別事情と対応策
・他部門の好事例・取組み

幹部へのフィードバック

・共通の難所と対応策
・成果との関連性と施策見直しの方向性
・経営レベルの検討事項(体制・仕組み・方針決定など)
・現場の個別事情の共有

進め方

| コンサルタント | 事前確認作業
・既にKPIを設定している組織:振返りシートの確認
・新規でKPIを策定する組織:業務構造図の確認 |

3日程度

| 対象組織・
コンサルタント | セッション実施(1、2回×1.5〜2.5時間)
・KPIと振返り内容の確認
・未実行の要因整理とKPIの修正、追加 |

1週間程度

| 対象組織・
コンサルタント | 事後課題&フォロー
・対象組織:セッション結果を踏まえて、次年度のKPIとアクションプランの更新・完成・提出
・コンサルタント:内容確認&フィードバック |

全組織終了後

| 経営幹部・
コンサルタント | 最終報告
・全体の所感
・経営としての今後の対応事項の協議 |

考え方への慣れ度合いを勘案して、半期ごとに振返りを行いましたが、他の企業では、初年度は半期ごと、2年目からは1年ごとの振返りとしているケースも多くあります。また、振返りの討議にコンサルタントが入るかどうかは、ケースバイケースです。最初の振返りセッションではコンサルタントがファシリテーターとなって討議・整理を行い、2回目以降は徐々に経営企画部門などの事務局、事業企画部門が主導して進める形も多くあります。各企業の状況や外部コンサルタントに求める役割に応じて取組み方法を設計するとよいでしょう。

　振返り活動は、「成果を実現するために必要な情報とは何か」を考えるきっかけにもなります。また、「目標・KGIを達成するための真の重要成功要因や肝は何か」が特定・具体化できていない場合に、「想定されるプロセスKPIの候補から仮説・検証的に特定していく」ことにも効果があります（図3.8は、提案・受注型の営業プ

図3.8　必要な情報の検討と仮説・検証

125

ロセスにおけるイメージ例）。

≫KPI設定のアセスメント

　KGI－CSF－プロセスKPIの形で設定している1つひとつの業務
項目に対して、KGI・プロセスKPIの実行状況・達成状況から見直
しの必要性を認識し、軌道修正を検討することもよく行われます。
図3.9は、それぞれの実行状況、達成状況の組み合わせに応じて、
想定される要因と見直しの方向性を整理したものです。すべてがこ
の整理にあてはまるものではありませんが、各部門における業務項
目や目標事項に対して、図にあるような観点で振返りを行うこと
で、次年度に向けて、KGIやプロセスKPIの設定内容の向上だけで
なく、目標達成に近づくための業務内容そのもの具体化が進みま
す。

　1つひとつの業務項目に対する振返りとは別に、対象部門全体と
してのKPI設定などの状況をアセスメント的に把握するという取
組みを行うこともあります。図3.10はある事例企業におけるKPI設
定のアセスメントの観点例を整理したものです。KPIマネジメント
の導入・浸透の過程でアセスメントを実施するかどうかはケースバ
イケースですが、実施している企業においては、アセスメントの結
果は部門の評価などに用いるものではなく、あくまでもKPIマネジ
メントの取組みをブラシュアップしていくためのフィードバックと
して実施しています。

　前にも触れましたが、KPIマネジメントの活用・運用段階におい
ても、部門・現場に対する教育研修的なサポートは必要性が高いと
考えます。

　図3.11は、KPIの設定段階・活用段階におけるKPIマネジメント
に関する教育研修の観点・メニュー例を整理したものです。右側の
活用段階におけるものが「振返り」のタイミングでの実施対象プロ

図3.9　KPIの達成状況の分類と改善の視点（参考）

KGI、プロセスKPIの目標達成分類のマトリクス

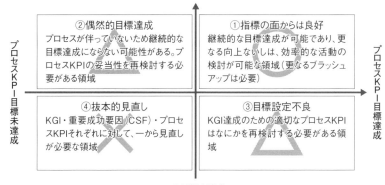

KGI目標達成

| ②偶然的目標達成
プロセスが伴っていないため継続的な目標達成にならない可能性がある。プロセスKPIの妥当性を再検討する必要がある領域 | ①指標の面からは良好
継続的な目標達成が可能であり、更なる向上ないしは、効率的な活動の検討が可能な領域（更なるブラッシュアップは必要） |
| ④抜本的見直し
KGI・重要成功要因（CSF）・プロセスKPIそれぞれに対して、一から見直しが必要な領域 | ③目標設定不良
KGI達成のための適切なプロセスKPIはなにかを再検討する必要がある領域 |

プロセスKPI目標未達成　←　プロセスKPI目標達成

KGI目標未達成

〈要因・見通しの方向性の例〉

#	分類	要因例	次年度への改善例
①	指標の面からは良好	プロセスKPIの設定が適切であった	次年度も同じKGIの達成を目指す場合、プロセスKPIの活動を軽減して、少ない工数で目標達成ができるかを確認
		KGIの設定水準が低かった	よりストレッチしたKGIを設定し、それを達成するためのプロセスKPIを設定
②	偶然的目標達成	KGIの設定水準が低かった	よりストレッチしたKGIを設定し、それを達成するためのプロセスKPIを設定
③	目標設定不良	プロセスKPIの設定水準が低かった	よりストレッチしたプロセスKPIを設定
		効果の低いプロセスKPIを設定していた	もっと効果的なプロセスKPIに変更
		KGIの設定水準が高すぎた	ストレッチはしつつも、達成可能なKGIおよび達成水準へ修正
④	抜本的見直し	実施困難なプロセスKPIを設定していた	実施可能なプロセスKPIに修正
		プロセスKPIの実施担当者の意欲が低かった	プロセスKPIの実施担当者と面談し、要因を追求

図3.10 KPI設定のアセスメントの観点例（参考）

充足性	フォーマットとして記載すべき対象に対して漏れなく、かつ、定義などに対しての認識誤りがなく記載されているか	
連動性	上位組織の方針、他部門からの要望などとの関連性・連携が適切か	・各部門のKPI設定における課題の把握と管理者へのフィードバック
具体性	抽象的ではなく、具体的な内容として設定されているか	・部門間の比較、全社的な課題・傾向の把握
定量性	定量的に測定できるものとなっているか	・経年での改善傾向のモニタリング
適切性	目標値の水準の設定が不適切な設定になっていないか（高過ぎる・低過ぎる双方の視点）	・KPI設定の妥当性と業務成果との関係性の分析
整合性	自部門のみで完結しない業務において、関連部門に対しての依頼事項・連携事項などが記載されているか	など
計画性	KPIの達成・実行のためのアクションプランが具体的に設定されているか（リソース計画の妥当性など含む）	

グラムとなります。振返りセッションを各部門との個別討議の形で実施できない場合においても、振返りでどのようなことを検討・見直してほしいのかについて研修を行い、共通の振返りワークシートなどを用いて、自部門のKPIの見直し、活用方法の見直しをセルフチェックしてもらうような取組みを行うことも多くあります。

うまく活用できなくなる要因⑬

経営と現場に溝がある

　ここまで紹介した5つの要因は、KPIマネジメントの運用・活用における課題・要因でした。ここからの2つは、KPIマネジメント

図3.11　教育研修によるKPIの活用力の向上

```
            ┌──────────────────────────┐
            │  KPI活用力向上における主要課題  │
            └──────────────────────────┘
              ↓                      ↓
┌──────────────────┐     ┌──────────────────┐
│   KPIの設定段階     │     │   KPIの活用段階     │
└──────────────────┘     └──────────────────┘
```

KPIの設定段階	KPIの活用段階
■目的・ねらいについての教育不足 ■KPIや戦略マップの考え方についての教育不足 ■重要成功要因・プロセスKPIの検討・設定が不足 ■KPIの妥当性のチェックがないまま導入	■KPIに基づく分析や振返り活動が不十分 　・成果とプロセスの相関関係の検討 　・プロセス指標の未実行の要因整理 　・指標の見直し、次期の計画への反映 ■PDCAへの組込みや見える化の仕組みが不十分

KPI導入時研修	KPI活用振り返り研修
■戦略マップ研修 　・事業別／全社の戦略マップの作成研修 　・機能部門別の戦略マップの作成研修 ■KPI設定研修 　・KPIの設定・活用の考え方・事例研修 　・部門別・管理者別のKPI作成研修 　・KPIの妥当性・整合性レビュー ■経営幹部向け検討会 　・KPIの組織的活用、部門間連携の推進など	■KPIの活用研修 　・KPI活用における管理者の役割研修 　（PDCA、部門内コミュニケーションなど） 　・KPIによる業務振り返り研修 　（実行状況、未達原因、KPI見直しなど） ■KPIに基づく改革施策の検討研修 　（製販連携、営業拡販、納期改善などのテーマ別） ■経営幹部向け検討会 　・KPIを通じて認識される組織課題への対応

の運用・活用というよりも、その企業の組織運営の特徴や組織風土的な要因です。KPIマネジメントへの取組みの巧拙そのものではないのですが、結果的にKPIマネジメントがうまく活用できなくなる要因として、よく見られる課題・要因です。

》タテの浸透に課題がある

　1つは、経営と現場の間に溝があるという組織の状況です。少しあいまいな表現ではありますが、経営側の考えとニーズでKPIマネジメントを企画・推進していても、部門・現場は自分たち側の考えとニーズで進めているといったイメージです。

　たとえば、経営側としては、事業目標の達成をより確実にするた

めに部門の目標と重要活動を可視化し、タイムリーに状況把握する目的でKPIマネジメントを捉えているとします。その目的からは、全社目標の達成に強く関係する部門の重要戦戦略テーマに対するKGIの設定と、そのKGIに対するCSF・プロセスKPIの設定と見える化が、KPIマネジメント設計上の中心に置かれるべきです。

しかし、実際によく見られるのは、部門・現場側は、これまで実践していた部門の業務目標の達成管理（現場の改善事項的なテーマの推進管理を含む）の延長線としてKPIマネジメントを捉えているというケースです。結果的に、部門が設定してくるKGI・KPIは、部門の定常業務に関するものが中心となり、部門としてはそれが自部門にとってのKPIマネジメントだと考えているようなケースです。当然ながら経営側がイメージしているものとは合致しません。

このような現象は、「KPIマネジメントの位置づけ」「何に対してKPIを設定するか」といった建付けをしっかりすることで回避できる問題です。しかし一方で、新しい経営管理の枠組みとしてKPIマネジメントを位置付けても、結果的には部門側が上記のような受け止め方をしているケースも見られます。これは、進め方や運用の問題というよりも、経営方針や経営の意向が部門・現場に展開されていない「タテの浸透に課題がある」という組織風土的な課題・要因のように思えます。

個人的には、こうした現象は、会社としての事業歴が長く、複数の主力事業があり、かつ比較的事業を好調・安定的に進めてこられた企業によく見られるように思います。事業部門の方が経営管理・経営企画よりも立場が強くなっているのではないかと推察します。

「部門・現場サイドにやらされ感が強い」という雰囲気を感じる企業もよく見かけます。取組み事項の是非・良否の前に、過去からの蓄積の結果として、経営側・企画側の意向に対して、ネガティブな印象を持ってしまっているような状況です。過去に、新しい制

度・仕組みの導入を経営側・企画側が進めてきて、それらがなかなか定着しきれなかったり、途中で頓挫したりしたことがあり、部門・現場サイドとしては、今回の取組みも同様の結果になると懐疑心を持っている状況です。

そのような状況の企業では、仮にKPIマネジメントの取組みが適切な進め方で準備されていても、部門・現場には素直に受け入れられないという状況が発生しがちです。

こうした傾向は、日常的な業務で目標や方針の変更が頻繁に行われている企業でも多いように思います。経営側からすると、事業環境の変化に応じて目標や方針の変更を行わざるを得ないのですが、部門・現場としては、そのたびに目標の修正と業務計画の見直しを求められるというように、単に目標・方針が変わるだけでなく、実際の業務負荷とそれを現場に展開・指示し直すマネジメントの負荷がかかっているのです。

こうした変更が頻繁に行われると、本来は事業環境の変化に対応するための目標や方針の修正が、実際には「また目標の変更か、また1、2ヵ月もすれば見直しがあるだろう」といった受け止め方になってしまいます。

このように、経営側と部門・現場側に精神的な溝がある企業では、その目的や進め方が適切であっても、前向きな取組みには繋がらなくなってしまいます。

》ていねいなコミュニケーションが不可欠

どう対処すべきかという解決策は、各企業の状況や溝の深さによって異なりますが、少なくとも「溝がある」ことを認識した上で、その進め方を検討することです。たとえば、第2、第3章で整理した「うまくいかなくなる要因（＝うまく進めるための要因）」の1つひとつに対して、より丁寧な設計を行うことが必要です。た

とえば「目的・位置づけの伝え方」「導入時・浸透活動時のおける現場サポートのあり方」「部門・現場にとっての業務負荷への配慮」などです。共通するのは、部門・現場に対して丁寧にコミュニケーションを図っていくということになります。

　第4章では、KPIマネジメントの再構築を図るための進め方のポイントとして、「このような形でKPIマネジメントを進められたら」という点を整理していきます。上記の要因・状況が当てはまる企業では、第4章で示す進め方に「丁寧なコミュニケーション」という要素をより一層加えて推進することが解決策の方向性ではないかと考えます。

部門間の連携が不十分

» 部門間連携テーマが設定されない

　次に、部門間の連携が不十分という組織の状況です。事業活動を進める中では、経営目標・事業目標を踏まえて、各部門がその役割・分掌に応じた活動をするのが基本です。それぞれのタイミングで、必ず部門間で連携して対処すべき課題があります。その連携すべきテーマの設定や実行がうまく機能しないという状況です。

　「はじめに」の図2にあるように、KPIマネジメントは、経営管理指標を通じてタテの連鎖の構築とともに、ヨコの連携の強化を促す仕組みです。しかし部門間連携が十分機能していないと、本来設定されるべき連携テーマの設定自体がされない（どの部門もテーマ推進のボールを持たない）という状況が起こります。これでは、仮にKPIマネジメントが導入されていても、部門間連携テーマのKGI・CSF・プロセスKPIが設定されない形になります。また、連携テーマが設定され、KGIなどが設定されていても、実際の連携活

動の推進力が弱い場合もあります。当然ながら課題の解決は滞ります。

　このような状況が続くと、KPIマネジメントの取組み自体には問題はなくても、結果として事業目標の達成や戦略課題の解決が進まないので、KPIマネジメントの経営管理制度としての妥当性に疑問が持たれてしまいがちです。組織運営・組織風土の問題が経営管理制度の有効性に影響し、結果的に良い目的と考え方で導入していた制度・仕組みも形骸化してしまうという悪循環です。

» 全社視点で部門間の横串を通す

　では、どのような企業がこうした状態に陥りやすいのでしょうか。一概には言えませんが、ここまでに整理した経営レベルと現場レベルの「溝」と同じく、事業歴が長い企業や事業で発生しがちであるように感じます。長年の事業活動の結果として、「主要部門のいずれかの力が強く、声が大きく」なり、部門間連携が機能しにくくなるのです。たとえば「営業部門の力が強い」「製造部門の声が大きい」という表現はよく耳にします。

　全社視点で部門間の横串を通す役割が大切です。そうした部門・役員の有無と、それが機能しているかどうかです。これもよく耳にすることですが、「当社の役員は各部門の代表としての位置づけとなっており、役員間で全社視点での討議や相互調整が働かない」というような状況です。組織設計に正解はないですが、部門間連携のテーマの認識とその実行を促進するような組織設計上の工夫は、変化の激しい事業環境において、より重要性は高くなっています。

　図3.12をご覧ください。各部門の個別最適が強くなり過ぎた場合の、機能間の対立のイメージを示しています。各部門はそれぞれの役割・目標を果たすことが重要なので、図にあるような機能間における目標の対立構造が発生するのは自然なことです。「顧客要望と

133

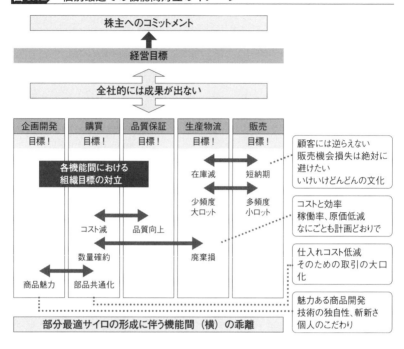

図 3.12 個別最適での機能間対立のイメージ

株主へのコミットメント

経営目標

全社的には成果が出ない

| 企画開発 | 購買 | 品質保証 | 生産物流 | 販売 |

目標！

各機能間における
組織目標の対立

在庫減　　短納期

少頻度　　多頻度
大ロット　小ロット

コスト減　品質向上

廃棄損

数量確約

商品魅力　部品共通化

顧客には逆らえない
販売機会損失は絶対に
避けたい
いけいけどんどんの文化

コストと効率
稼働率、原価低減
なにごとも計画どおりで

仕入れコスト低減
そのための取引の大口
化

魅力ある商品開発
技術の独自性、斬新さ
個人のこだわり

部分最適サイロの形成に伴う機能間（横）の乖離

機会ロス」「コストと品質」「調達単価と在庫」などです。

» タテ・ヨコのリンクこそが企業の組織力

　そうした二律背反・トレードオフ的な状況をいかにタイムリーに調整していくか、その調整や課題解決のためのテーマを設定しスピーディに解決していくかが、その企業の組織力といえます。

　目指したい姿は、図3.13のようなイメージでしょうか。タテのリンクを基本にKPIの展開を中心とするPDCA体系を構築しながらも、機能組織を超えた全体最適の視点からの目標（部門間テーマに対するKGI）と施策（部門間テーマの進捗や重要管理ポイントに対するプロセスKPI）が設定され、ヨコのリンクもバランスよく組み込まれている形です。

図 3.13 タテ・ヨコのリンクによる適切なKPIマネジメント・スタイルの構築

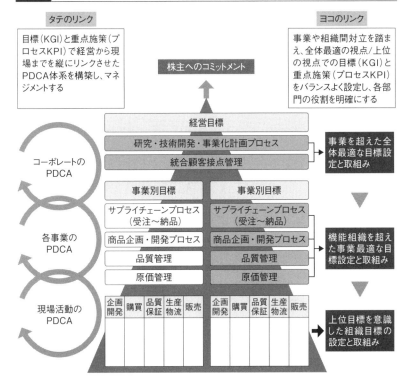

タテのリンク

目標（KGI）と重点施策（プロセスKPI）で経営から現場までを縦にリンクさせたPDCA体系を構築し、マネジメントする

ヨコのリンク

事業や組織間対立を踏まえ、全体最適の視点／上位の視点での目標（KGI）と重点施策（プロセスKPI）をバランスよく設定し、各部門の役割を明確にする

株主へのコミットメント

経営目標

研究・技術開発・事業化計画プロセス

統合顧客接点管理

事業を超えた全体最適な目標設定と取組み

コーポレートのPDCA

事業別目標　　　　　事業別目標

サプライチェーンプロセス（受注～納品）　　サプライチェーンプロセス（受注～納品）

商品企画・開発プロセス　　商品企画・開発プロセス

品質管理　　　　　品質管理

原価管理　　　　　原価管理

機能組織を超えた事業最適な目標設定と取組み

各事業のPDCA

企画開発　購買　品質保証　生産物流　販売　　企画開発　購買　品質保証　生産物流　販売

上位目標を意識した組織目標の設定と取組み

現場活動のPDCA

　その際に大切なのは、「上位の目標を共有する」という視点です。個別部門の目標も大事ですが、その前提には、1つ上位の視点ないしは全社の視点からの目標があるという点です。あくまでも「上位の目標や全社視点の判断の中での各部門の目標」という考え方と業務運営を実現できるかが各企業に問われています。

　全社視点での目標設定においては、その時点での優先順位やバランスの中で判断がなされます。まさしくその判断・調整をするのが、経営レベルで横串を刺す役員や部門の役割です。これが十分に機能していない企業では、KPIマネジメント導入や再構築の際に、自社の組織運営のあり方なども合わせて検討していく必要がありま

す。

　KPIマネジメントの枠組み・手法を活用して、部門間連携の推進力を高めていくことは可能です。図3.14をご覧ください。「目標・施策マトリクス」と呼ばれるものです。単一事業の会社では企業全体で、複数事業の企業では各事業単位などで作成するケースが多い

図3.14

図3.14　目標×施策マトリクスによる部門間連携事項の明確化

「上位の目標の共有」と「各部門の役割の責任」の明確化

重点施策と役割の明確化⇒部門のKGI・プロセスKPIへ

凡例：
◎：強く寄与する
○：寄与する
△：影響がある

戦略マップ（戦略課題一覧）より

視点	戦略／戦略課題	戦略目標（戦略課題に対するKGI）	新製品開発の重点化	コンカレント開発の推進	原料・商品点数の絞込み	原価・商品企画の強化	共同配送の推進	投資回収管理の徹底	週次イベント管理の人事評価反映	販売予測精度の強化	仕入先とのロット情報電子交換	仕入先との生産計画電子交換	…	経営企画	マーケティング	営業	製造	購買	品質管理	物流	人事	経理
財務	新カテゴリー・新製品の拡大 顧客内シェアの向上	新製品売上高300億円/年	◎	△	-	-	-	-	-	-	-	-		△	◎	○	-	-	-	-	-	△
		新製品寄与率:15%/年	◎	△	-	-	-	-	-	-	-	-		△	◎	○	-	-	-	-	-	△
	コスト・リーダーシップ	商品・容器仕入原価削減率:10%	-	○	○	○	-	-	-	-	-	-		-	-	-	○	◎	-	○	-	△
		売上高物流費率:6%以内	-	-	-	-	◎	-	-	-	-	-		△	-	-	-	○	-	◎	-	△
	保有資産の有効活用	FCF:100億円/年	-	○	-	-	-	◎	-	-	-	-		◎	○	○	○	○	-	○	-	△
		在庫回転率:3回転/月	-	○	-	○	-	△	-	-	-	-		△	○	-	○	○	-	◎	-	△
顧客	顧客の利便性向上	露出率:95%	-	-	-	△	-	-	-	-	-	-		-	◎	○	-	-	-	-	-	-
		初期売上高:5億円/製品	-	-	-	△	-	-	-	-	-	-		-	◎	○	-	-	-	-	-	-
	顧客への安心の提供	クレーム件数:10件未満/月	-	-	-	-	-	-	-	-	-	-		-	○	○	○	○	◎	○	-	-
		トレース可能率:10%向上/年	-	-	-	-	-	-	-	-	△	○		-	○	○	○	○	◎	○	-	-
		店頭到達速度:平均5日	-	-	-	-	○	-	-	-	-	-		-	○	○	-	-	-	◎	-	-
	流通とのWin-Winの関係構築	欠品率:5PPM以内	-	-	-	-	-	-	-	◎	-	-		-	○	○	○	-	-	◎	-	-
		納期遅延率:3PPM以内	-	-	-	-	-	-	-	○	-	-		-	○	○	○	-	-	◎	-	-
ビジネスプロセス	コンセプトコミュニケーション強化	商品開発L/T:4ヶ月以内	◎	○	-	-	-	-	-	-	-	-		-	○	-	○	-	-	-	-	-
		営業提案件数:3件以上/月	-	-	-	-	-	-	◎	-	-	-		-	◎	○	-	-	-	-	-	-
	サプライヤーとの情報共有	情報共有先化率:10%以上/年	-	-	-	-	-	-	-	-	○	◎									⋮	
	在庫削減	需要予測精度:96%以上	-	-	-	-	-	-	-	◎	-	-										
人・組織	マーケターのスキル向上	商品開発時間比率:75%以上	◎	△	-	-	-	-	-	-	-	-										
	提案力・情報収集力の強化	販売予測精度:97%以上	-	-	-	-	-	-	△	◎	-	-										
	品質管理活動の徹底	重要クレーム解決L/T:翌日まで	-	-	-	-	-	-	-	-	-	-										
		稼働率:95%以上	-	△	-	○	-	-	-	-	-	-										
部門		経営企画	◎	△	○	-	-	△	-	-	-	-										
		マーケティング	◎	◎	-	○	-	-	△	○	-	-										
		営業	○	○	-	-	-	-	◎	○	-	-										
		製造	○	◎	○	○	-	-	-	-	-	-										
		購買	-	○	◎	○	-	-	-	-	◎	◎										
		品質管理	-	△	△	△	-	-	-	-	△	-										
		物流	-	△	△	-	◎	-	-	△	△	△										
		人事	-	-	-	-	-	△	◎	-	-	-										
		経理	-	○	△	-	-	◎	-	-	-	-										

◎：主担当部門
○：連携部門
△：支援部門

ものです。図3.14はある食品企業における主力事業での整理例を簡略化したものです。

》目標・施策マトリクスの活用

目標・施策マトリクスのタテ軸には、その事業における主要な戦略課題と各戦略課題の達成を示すKGIが記載されています。ヨコ軸には、それらの戦略課題を達成していくために、取り組むべき重点施策が記載されており、どの施策がどの戦略課題のKGIの達成に寄与するかの対応関係が整理されています。

マトリクスをヨコに見ていくと、それぞれの戦略課題並びにKGIの達成をどの部門が主管で達成責任を持つかなどが整理されています。タテに見ていくと、それぞれの重点施策の主担当部門、連携部門、支援部門などが整理されています。これはまさしく上位の目標の視点（ヨコに見る）と、上位の目標の視点の中での各部門が推進すべきことの視点（タテに見る）が表現されているのです。

目標・施策マトリクスを用いるときは、戦略課題レベルでのKGIの主管部門を明確にするとともに、重点施策の推進や支援の役割については、それぞれ役割を持つ部門のKGIやプロセスKPIとして設定し、その進捗と活動の見える化を図ります。

もちろん、マトリクスを整理したからといって、事業目標の達成や部門間連携テーマの推進が約束されるものではありません。しかし、このようなタテ・ヨコのリンクの見える化を行い、部門間で認識を共有化することで、従来よりも部門間連携でのテーマ設定とその実行力を高めることを補強するという効果は得られるようになります。

まとめ

　第2、第3章では「なぜKPIマネジメントをうまく活用できなくなるのか？」の要因について整理してきました。

　PDCAのプロセスでいえば、それぞれ主に「Plan（第2章）」の側面と「Do‐Check‐Action（第3章）」の側面における要因について整理したことになります。実際には、「P」と「DCA」の要因同士も相互に関連し合っています。

　図3.15をご覧ください。KPIマネジメントを活用してマネジメント強化に取り組む企業における代表的な取組み課題を整理しています。どこに悩みがあるのかについて、多くの企業からヒヤリングした内容を踏まえて整理したものです。相談にこられる企業のほとんどが、図にあげている取組み課題の複数以上に悩みを持たれています。「すべてが当てはまる」と言われる企業幹部も多いというのが実感です。

　一方、第2、第3章で整理してきた「KPIマネジメントをうまく活用できなくなる要因」の中には、KPIマネジメントの取組みを進めている中でおちいってしまっていることもあります。

　つまり、KPIマネジメントの導入によって解決したい課題であると同時に、KPIマネジメントがうまく機能しなくなる要因でもあるということです。そこに、本書のテーマである「よい仕組み（KPIマネジメント）をいまひとつうまく活用できていない場合の再構築の進め方」があります。

　図3.16は、図3.15であげている取組み課題と、KPIマネジメントで主に用いる手法との対応関係を整理しています。基幹となる2つの手法・枠組みをしっかりと適用することで、それぞれの取組み課題は必ず解決に向かいます。

　第4章では、第1章～第3章までの整理（現象と要因）を踏まえ

図3.15　KPIマネジメントを活用したマネジメント強化に取り組む企業における代表的な取組み課題

取組み課題 （強化・確立を 目指すこと）	・会社・事業全体で統一された経営管理手法がない　　　　　　（統一性） ・中期計画と連動した目標・計画の展開が不十分　　　（中期連動性） ・目標・計画の定量化・見える化ができていない　　　　　　（指標化） ・目標達成のための重要成功要因の検討が不十分　　（仮説設定と検証） ・財務結果中心の管理でプロセス管理が弱い　　　　（プロセス管理） ・目標・計画のフォローアップが不十分　　　　　（Check-Action強化）

図3.16　取組み課題と手法との関係

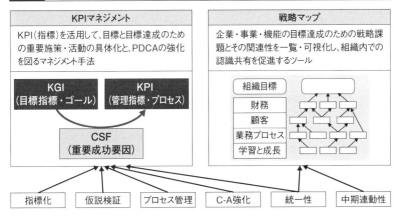

て、KPIマネジメントを再構築するための実践法について記述していきます。

KPIマネジメントの運用を支える仕組み③

SDGsなどの長期テーマ実現のマイルストーン管理

　KPIマネジメントは、中期・単年度の経営計画や各種の業務改革の達成管理を目的として導入することが多いですが、長期のテーマに対しても活用されることが増えてきました。たとえば、次のようなテーマです。

- ビジョンで掲げられるような長期の事業開発テーマ
- SDGs・ESG・CSRなど、社会課題に対する取組みテーマ
- 働き方改革・ダイバーシティ強化などの組織開発テーマ

　長期間かけて取り組むテーマは、ややもすると定性的なマネジメントに陥りがちですが、一方でKPIマネジメントの考え方を用いて適切な定量化を行い、全社で一定の投資（カネ・人的工数）を伴って進めていく取組みに対して、経営としての説明責任と合理性を示していくねらいも含まれてきます。

　どのようにKPIの考え方を取り入れるかはさまざまですが、共通的な特徴は「マイルストーン（中間目標）に対してKPIを設定する」という点であるように思います。いくつかの事例での共通項的になっている検討項目をワークシートのイメージにしたもので見てみましょう。

　図1は、対象テーマ全体での長期的な目標と、その取組み項目の主要要素を整理したイメージです。テーマの最終目標（達成すべき姿）については、定量的な目標があれば設定しますが、難しければムリにKPIとする必要はありません。象徴的な目標がおければいいのですが、長期間の中では達成目標自体が変化していかざるを得ない面もあります。

　一方、次の何ヵ年（たとえば次期中計期間の終わり）でどの

図1	長期的テーマ－1　テーマの長期目標と取組み項目の整理イメージ

テーマ	

本テーマの設定の目的・狙いと20××年（仮の最終目標時期）で達成すべき姿

現状	次の〇ヵ年で目指す姿（定性・定量）

次期中計終了までの〇ヵ年で実行する事項	
項目番号	取組み項目テーマ

他の長期施策との関連	
関連施策	関連内容

ような状態に到達しているか（進捗目標に位置づけられる）については、できれば具体的・定量的に設定できる方がよいとする例が多くなっています。定量指標にこだわるものではないのですが、仮に定性的な設定であったとしても、その到達・未達が判別できるような具体的な設定が望ましいでしょう。

　さらに、目指す姿の実現のために、次の中計期間などで実行する、いくつかのサブの取組み項目が具体的になっていることが通常です。逆にそれらが明確になっていなければ、そのこと自体が課題であると言えます。

　それらの取組み項目については、KPIマネジメントの考え方を取り入れて、中計期間などにおける定量的な達成目標を設定していく形が多くなっています。それが図2のイメージです。

| 図2 | 長期的テーマー2　取組み項目別のKPI設定イメージ |

項目番号		サブ項目 テーマ名					
取組み項目について ○ヵ年で目指す姿	枝番	指標(KGI)	水準(目標値、達成時期等)	質を評価する基準	主担当部門	支援部門
○ヵ年で目指す姿 を実現するシナリオ						
	補足説明(重要成功要因、他部門との連携事項など)					

　取組み項目の目指す姿を踏まえて、それが実現できている状態について、定量的な指標(本書の用語定義でいえば、取組み項目に対してのKGI)を設定していきます。この段階では、多くのケースで定量的な指標が設定可能ですが、中には基礎情報の収集や基本方針の整理などの進捗目標(時期の目標)の設定が中心になる場合もあります。

　「質を評価する基準」とあるのは、そのような定性的な目標設定や定量指標を補完するものとして、「進捗の良し悪しを見る質的なチェックポイント」を設けるものです(詳しくは、拙著『事業計画を実現するKPIマネジメントの実務』の第4章を参照ください)。

　長期テーマは複数の部門が絡んだり、他の長期施策との連携が必要になるのが通常です。そのため、テーマや取組み項目の検討において、他施策との関連や支援部門なども整理します。

　シートイメージには含めていませんが、テーマを進める上で

「足りないこと」にどう対応していくかについても、重要な論点になることが多くあります。たとえば、人材面のリソースの不足が予想されたり、他社や大学・研究機関などとの協業・アライアンスが必要になるなどです。それらの「足りないこと」をどう補っていくかについての取組み目標をサブのKPIとして設定しているケースもあります。

このように見ていくと、長期テーマのKPIマネジメントにおいては、「長期の目標そのものの定量化」は必ずしも第一の目的ではなく、目的・目標に向かって何にどのように取り組むか、その取組みの結果どのような変化を生み出すかを明確化していくという点が本質のひとつであると考えます。

その中で、進捗が一定レベルで想定できうる期間（3〜5年など）に対しては、その進捗目標を長期目標に対するマイルストーンとして定量的に設定していきます。それにより社内外への説明責任と、経営としての取組みの合理性を確認・検証していくことができます。

第 **4** 章

KPIマネジメントを
再構築するための進め方
8つのポイント

　本章では、第1〜3章までの現象面・要因面の整理を踏まえて、KPI
マネジメントを再構築し、不確実性の時代を乗り越えていくための経営
管理強化の進め方を示します。「しっかりした会社はこうしている」「KPI
をうまく活用する会社はこうしている」と捉えてください。再構築（う
まく活用できていない状態からの脱却）をテーマにしますが、新たに
KPI マネジメントに取り組む企業においても、ご活用いただけます。

KPIマネジメントの再構築を新規の取組みとして企画・支援する、途中から参画・支援するなど、実際の場面・状況はさまざまです。本章では再構築の取組みを最初からご支援するケースを前提として、そのモデルステップでの実践上のポイントや着眼点を整理していきます。

　モデルステップの概要は図4.1のとおりです。実際の取組みでは、モデルステップをもとに、各社の状況やニーズに応じて、プロジェクトのステップや実施事項を個別に設計する形となります。

　実践上のポイントを、大きく「KPIマネジメント再構築の進め方」の側面と「組織行動」の側面に分けて整理します。

図4.1　KPIマネジメント再構築のモデルステップ

1stフェーズ 目的整理と幹部の 意思統一		2ndフェーズ KPIマネジメントの 導入準備					3rdフェーズ 部門・現場への 展開			
① 現状の課題と取組み目的の整理	③ KPIマネジメントのあり方の幹部検討会	④ 枠組み・プロセス・運用の検討	⑤ 説明・教育コンテンツ準備	⑥ 推進リーダー向け説明会	⑦ 事業別の戦略課題と主要KGIの整理		⑨ 部門対象のKPIマネジメント研修会	⑩ 各部門のKGI・KPIシートの作成	⑫ 本格運用開始
② 枠組み・体系の素案検討					⑧ 運用ルールの整理			⑪ 運用開始準備	

1

KPIマネジメント再構築の進め方の側面

ポイント①

目的・ねらいを明確にし、かつそれを組織内に伝える

　まず、KPIマネジメント再構築の目的・ねらいを明確にし、かつそれを組織内にしっかりと伝えていくことです。当たり前だと思うかもしれませんが、意外とできていないことです。

　第2〜第3章の「うまく活用できなくなる要因」でも整理したとおり、KPIマネジメントに取り組む目的・ねらいが乱立しすぎると、焦点がぼやけてしまうことがあります。また、活動が活性化されていないと、知らず知らずのうちに目的があいまいになってしまいます。再構築するにあたり「何のためにKPIマネジメントを行うのか」を再確認し、適切な方法で発信していきます。経営環境や自社が置かれた状況の変化と合わせて伝えていくことも必要です。

» 目的・ねらいを再整理する

　目的・ねらいはさまざまです。たとえば、

- 事業目標と部門の取組み目標との連鎖性・連動性をもっと高めたい
- 事業部ごとにバラバラになっている経営管理を共通化するため、共通言語としてKPIの手法をさらに活用したい
- KPIによって、成果や業務の状況をもっと見える化したい

147

- KPIは相応に設定しているが、それを活用した議論やマネジメントが少ない。もっとKPIや関連データを踏まえた業務管理を進めたい
- 設定したKPIは、単年度の目標とそのためのプロセス管理だけに焦点があたっている。中期目線の目標・施策の管理にもKPIを活用したい

などがあります。

　設定している目的・ねらいのうち、「今後の取組みにおいてとくに何に重点を置くのか」を再整理します。重点が複数あってもかまいません。しかし、焦点がぼやけてしまうので、多くなりすぎないよう注意が必要です。

　また、現在までのKPIマネジメントや経営管理の課題を整理することも大切です。これは、現状に至った要因の整理です。モデルステップでいうと、図4.1の①のタスクがそれに相当します。現状の課題整理をどのような形で進めるかはケースバイケースで、「経営幹部層が中心となる」「部門のマネジメントを担う部門管理者クラスが中心となる」などがあります。「より具体的な課題を認識・整理していく」「再構築の取組みの機運を高めていく」という意味では、後者の方がメリットは大きいでしょう。

≫経営幹部層での意思統一

　現状の課題や目的の整理とともに重要なのが、経営幹部層での意思統一です。図4.1③のステップがそれに相当します。課題の抽出ができても、その認識を幹部層が受け止めること、そしてなによりも、再構築の目的・ねらいを幹部層が一体となって認識・合意し、社内への発信につなげていくことが重要です。

　合意形成と実質的な討議をどのような形で行うかについても、さまざまな進め方があります。よく行われるのが、図4.1③のような

経営幹部が参集する「KPIマネジメントのあり方の幹部検討会」です。現状の課題と要因を共有するとともに、自社のKPIマネジメントや経営管理における課題を解決するには、今後どのような取組みが必要なのかを討議するのです。再構築を進めるには一定の手間とエネルギーが必要です。しかし会社にとっての重要課題ですから、全社一丸となって取り組むという認識合わせを行うことが必要です。

　検討会では「総論は賛成だが、各論は…」という場合もありますが、まずは総論を全員が賛成する形にもっていきます。そして、各論の課題に対する対応（たとえば、現場への浸透のためのサポート、業務負荷軽減の工夫など）まで検討・具体化することができれば、活動が動き出す第一歩として大成功だといえるでしょう。

　こうした検討会が行われないと、後々に「課題認識が異なる」「実務上進められない面がある」など各論の課題が持ち上がってきて、結局は一枚岩にならないというリスクが残ります。

ポイント②

枠組み・体系を再確認する

　次に「枠組み・体系を明確にする」という点です。すでにKPIマネジメントを導入している企業では、スタート当初は全社的に経営管理の枠組みや体系（どの階層で何に対してKPIを設定するか、どのように管理するか）が統一できていたはずです。にもかかわらず、時間とともに業務やシステムの都合などによってローカルルールが生まれてきます。ここには、KPIマネジメントで使用するワークシートや集計・管理の方法も含まれます。そうなると、KGI・プロセスKPIといった用語の意味することについても、おのずと部門ごとに差異が生まれてしまいます。

　こうしたローカルルールは、それ自体を否定するものではありま

せん。しかし、全社的な枠組み・体系が崩れてしまうと、KPIマネジメントが十分に機能しなくなってしまいます。「目的・ねらいの明確化」とともに「枠組み・体系の再確認」が必要です。

再確認によって、改めて「自社にとってのKPIマネジメントとは何か」を、新たに社内で共有化できるようになります。2、3年も経過すると、各部門の管理職、キーメンバーが入れ替わってしまうこともあります。KPIマネジメントがうまく活用できる、できないにかかわらず、KPIを活用した経営管理の枠組み・体系を定期的に周知することも必要なのです。

枠組み・体系の再確認は、モデルステップの場面としては、図4.1の②として進めることが一般的です。現状の課題整理と並行して、枠組み・体系において見直すべき点を整理し、それを幹部への共有・確認につなげていく形です。

具体的には、以下の2点が実践上の成功要因です。

≫ 今までと何が変わるかを明確にする

まず、今までと何が変わるかを明確にすることです。変更点は取組みによってさまざまですが、たとえば次のようなことです。

◆ 従来は全社へのKPIの報告対象を明確にしていなかったが、今後は各部門が達成すべき目標（KGI）を日常的な報告対象とする。部門のプロセスKPIについては、日常的には部門内での管理とする

◆ KGIなどの報告頻度は従来月次を基本としていたが、部門によってバラツキがあった。今後はKGIの達成状況の報告・共有サイクルは月次で統一する。また、四半期においては、年間のKGIの達成見込みについても合わせて報告することにする

◆ 従来、戦略課題という言葉が、全社レベルの課題を指すのか、部門方針レベルの課題を指すのかが混同されていた。今後「戦略課

題」は全社レベルの課題とし、部門レベルでの課題や方針とは区別する。それに伴い、戦略課題の達成を示す目標を「全社のKGI」という用語に統一し、部門の定常業務の目標である「部門のKGI」とは区別する

言葉にすると細か過ぎるように思われがちですが、実際にはこうした事項にバラツキが出て、各部門の足並みが揃わなくなるケースは多いものです。再構築にあたっては、そのマネジメントプロセスのベースとなる全体の体系や、それぞれの要素の位置づけ・用語定義を明確にすることが大切です。

さらに、従来からの経営管理の仕組み・プロセスがありますから、「これまでと何が変わるのか」について、幹部・管理職に具体的かつ明確に伝えることが肝要です。ここをあいまいにすると、それぞれの部門・管理者がそれぞれ独自の解釈で活動を進めてしまうことになってしまいます。

» Before/Afterのモデル事例を早めに示す

もうひとつは、「Before/Afterのモデル事例を早めに示す」ことです。「何がどう変わるのか、いくつかの先行部門などを例にして示す」と捉えてもらうといいでしょう。

先にあげたような変更点（今までと何が変わるのか）についても、言葉だけでなく、実際に現状（Before）の進め方と、これから（After）の進め方で、どう変わるのかを具体例として示すのです。

とくに有効なのは、新しいワークシートや作成物などを導入していく場合です。その代表例が、「戦略マップ（事業別の戦略課題を一覧整理したもの）」の作成を全社のKPIマネジメントの共通の枠組みにする場合などです。

たとえば、図4.2にあるような枠組み・体系でKPIマネジメントを進めるようなケースを想定します。従来各事業部ごとの目標や戦

略課題は、それぞれの事業部ごとの記載方法・フォーマットで整理していましたが、再構築を機に、戦略マップという枠組みに統一し、そこで整理される戦略課題に対する目標値を戦略課題のKGIとして定義することにします。

戦略マップはどのように作成するかという手法を説明するとともに、実際の作成例を提示することで、より具体的なイメージが共有されることになります。他社の一般例よりも、自社での事例を示す方がより適切に伝わります。1つ、2つの事業部を先行的な検討部門として選定し、実際に戦略マップを作成してもらい、他事業部の

図 4.2 KPIマネジメントの枠組みの全体像（再掲）

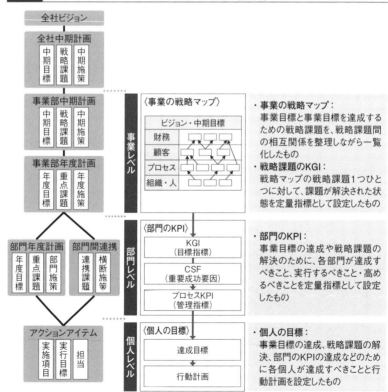

モデル例として示すのです。

　図4.1のモデルステップとの関係でいえば、できれば「② 枠組み・体系の素案検討」において、先行部門での例を仮案としてでもよいので作成して「③ 幹部検討会での討議」で示すことができるとベストです。その方が、幹部層の検討において、課題や要望を含めてより具体的な意見が出やすくなります。各幹部とも、自部門ならばどうなるかをイメージできるからです。

　作成のタイミングによっては、次年度の方針がまだ定まっていない場合もあり、次年度を想定した戦略マップは記述できないこともあるでしょう。その場合には、「現在進行している年度の戦略方針や課題を前提に作成するとこうなる」という形で提示してもらいます。目的は戦略の内容を議論することではなく、今後用いていく枠組み・体系・ワークシートなどについて、イメージを具体的に持ってもらう点にあるからです。

◆ ポイント③

事業と部門のつながりを確保する

　次に、事業と部門のつながりを確保するという点です。これは、KPIマネジメントを経営計画や事業計画の達成管理に用いる場合のポイントです。

　KPIマネジメントの本質の1つは「連鎖性の向上」です。手法をうまく活用することで、その効果は間違いなく得られますが、経営計画・事業計画と部門の業務計画とのつながりを確保した上でKPIを設定することが必要条件です。

　具体的には、次の2つの点に留意して、経営計画・事業計画から部門の業務計画へ展開する体系を整備します。実際の展開方法は企業の事業内容・規模や組織体制によってさまざまですが、この点は

共通的な課題であると捉えてください。

≫ 戦略課題の主管部門を明確にする

1つは、事業の戦略課題とその解決を担う主管部門を明確に設定することです。

図4.3をご覧ください。KPIを活用したマネジメント強化のための組織内展開の基本構造を示しています。図の上部が企業全体ないしは事業単位、下部が部門レベルです。

多くの企業で見られる課題・現象として、企業全体ないしは事業単位のレベルで抽出・整理している戦略課題と、部門レベルで取り組むとしている重要課題がまったく別に検討されており、そのつな

図4.3 経営計画の達成管理・実行管理での活用における基本構造

企業全体ないしは事業単位レベルと部門レベルをKPIを用いて連結

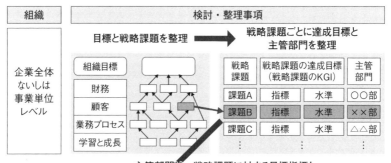

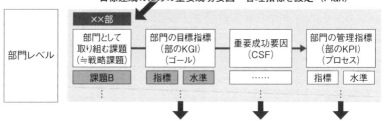

がりが十分に確保されていないということがあげられます。

　本来的には図にあるように、戦略課題の1つひとつ（図中の課題A・B・C）に対して、その課題がクリアされたことを示す達成目標を、企業・事業単位レベルでのKGIとして設定するとともに、その達成を「主に担うのはどの部門か？」という主管部門を設定することが必要です。

　その主管部門は、基本的には戦略課題のKGIをそのまま部の目標指標（図の例では課題Bに対しての部のKGI）として設定し、その目標指標に対してCSFとプロセスKPIを検討します。これによりタテの連鎖性が確保されます。

　たとえば、営業に関する戦略課題・KGIならば、主管部門から部門に展開する際に、支店・営業所単位に目標数値がブレイクダウンされることがあります。また、主管部門が複数設定される（戦略課題に対して複数部門が推進部門になる）ような戦略課題では、図の下部の「部として取り組む戦略課題」において、各部門ごとの取組み課題として設定されるなど、必ずしも戦略課題のKGIと部のKGIは同一ではないケースもあります。しかし、つながりが確保されていることに変わりはありません。

　KPIマネジメントの再構築にあたって、この構造が整理されていなければ、まずは整理と確認を行ってください。図4.1のステップでいうと、②でその体系・つながりの素案を検討し、③で幹部間でその体系でKPI設定を進めることを合意し、社内説明等の準備を整えた上で、⑦で事業別の戦略課題・KGI・主管部門の整理を行うことが基本形となります。

》事業目標の収益構造展開を行う

　もう1つは、企業全体の財務目標ないしは事業別の財務目標の収益構造展開を行うという点です。

これも多くの企業で見られる課題・現象ですが、売上高・営業利益を中心とする企業全体・事業別の財務目標や予算目標と、各部門の目標やKPIがまったく別ものとして設定・検討されていることがあります。財務目標や予算はトップダウンで設定されており、一方売上（営業）、コスト（製造）などの部門の目標や予算は、それを達成するための必要要素や水準として検討されていないという状況です。部門は、当年度の実績をもとに来年度の目標数値が設定されているだけで、事業全体として集計したときに、事業の目標達成が確保される構造になっていないのです。不思議に感じるかもしれませんが、意外とよく見られる状況です。

　これは、事業目標から部門目標へ展開するにあたり、とくに収益（損益）についてのブレイクダウンが不十分であることに起因します。図4.4にあるように、売上高・利益率の向上だけが財務の目標として掲げられているだけでは、各部門の目標・KGIとは有機的に

図4.4　売上の増大・利益率の向上はどのように実現するのか？

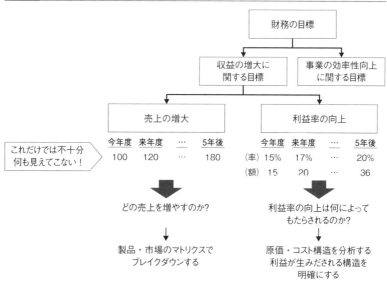

はつながっていきません。

　図のように、まったくブレイクダウンされていないケースはまれです。既存商品の売上向上、新規顧客の開拓による売上向上、原価低減による利益率の向上など、財務目標実現に向けての戦略課題と目標の展開は何かしらされているでしょう。しかし大切なのは「部門の目標・KGIとして、引き渡すレベルでのブレイクダウンがされているか」です。

　図4.5をご覧ください。収益構造展開という考え方を示しています。財務の目標や予算目標をどのような達成構造で実現するかの展開を行うものです。とくに売上高・利益率について、部門レベルで達成すべき主要目標レベルへの展開を行うことが重要です。収益構造展開で展開されるそれぞれの項目は、図4.3の基本構造でいえば、事業レベルでの戦略課題とKGIに相当します。したがって、それぞれの項目の主管部門を設定することで、部門の取組み課題とKGIが設定され、タテの連鎖性がしっかりと確保されます。

　もし、この構造がしっかりと確保されていなければ、収益構造展開の考え方を参考にして、財務目標のブレイクダウンを行うことを強く勧めます。売上高でいえば、全製品・全市場に対しての詳細なブレイクダウンまでは必要ありません。主要な項目の展開で十分です。それにより、部門の主要な取組み課題が明確になるからです。

　図4.1のステップでいうと、先にあげた戦略課題とその主管部門の明確化と同様に、ステップ②、③で今後におけるブレイクダウンのあり方を設計・合意し、⑦の事業別の戦略課題と主要KGIの検討において、次年度以降の目標の収益構造展開を行う形になります。

　図4.6はある食品製造業における収益構造展開の検討結果の主要サマリーです。図の下部にある戦略のセット（製品軸・市場軸での組み合わせ）をどのようにブレイクダウンするかは、業種・商流・組織体制によってさまざまです。事業目標と部門目標の「引き渡

図 4.5 収益構造展開の考え方

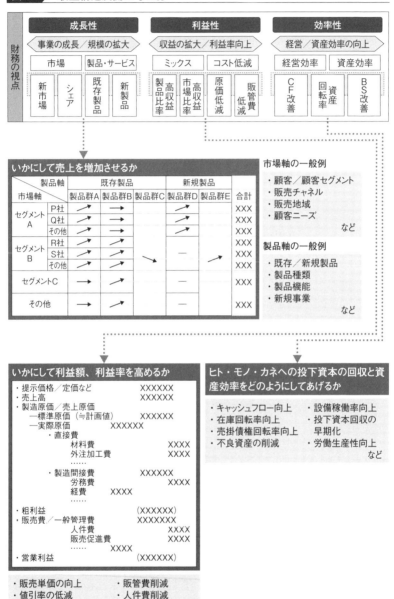

図4.6 食品製造業の収益構造展開サマリー

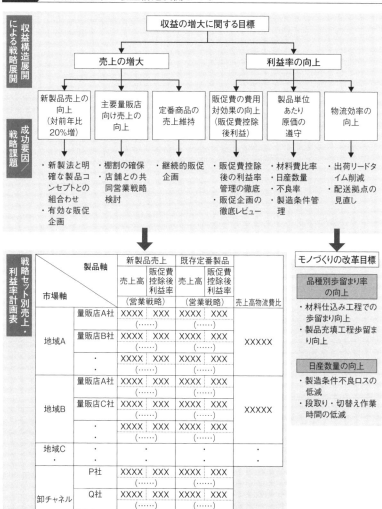

し」としては、戦略セットの項目については、主に営業部門に引き渡しされ、モノづくりやオペレーション（物流費など）の改革目標については、製造・物流などの部門に引き渡される形になります。

マネジメントの潮流②

KPIで投資収益性向上のストーリーを可視化する

　近年多くの企業で、売上・利益至上主義から投資収益性を中心としたマネジメントに変革しようという取組みが行われています。こうした企業では、財務的側面をROAやROIC（投下資本利益率）といった投資収益性を評価する指標を事業目標として設定し、投資の最適化や収益性の最大化を図っていくマネジメントを行っています。

　この際のマネジメント手法としては、ROAやROICを資産と収益、さらに収益を売上と原価といった具合に指標を分解・ブレイクダウンし、これらの指標改善のための施策・取組みをリンクさせることで、事業目標の達成を確実なものにするというアプローチが取られます。確かに、このような考え方は論理的で否定するものではありませんが、一方で「どの投資がどの事業活動を促進し、どの程度事業の成果を高めるのか」というストーリーをシンプルに理解しにくいという側面があります。

　ここでは、本書で紹介するKPIマネジメントの手法をアレンジし、KPIで事業部門における投資収益性向上のストーリーを構造化・可視化するアプローチを紹介します。

　事業の基本構造は、

① 事業への適切な投資が、

② 事業活動の質と量を高め、

③事業の成果が創出する

という3つのステップから成り立ちます。この考え方に基づいて、成果創出のための重要成功要因は「事業への適切な投資がなされること」と「事業活動の質や量が高まること」の2つであると考えます。

　本書では、成果創出のための重要成功要因を測定する指標をプロセスKPI（管理指標）と呼んでいますが、投資収益性を構造化・可視化するアプローチではこれらを分けて考え、図1のように、KPIを3つの階層として定義します。

図1　「適正な投資が成果を生み出す」という構造を可視化する

- KGI：事業部門の目標に対する成果指標と目標値
- Leading KPI：事業活動の質や量が高まっているかを評価する指標と管理基準値
- Enabling KPI：適切な投資を計画・実行しているかを評価する指標と管理基準値

（プロセスKPIを、LeadingKPIとEnablingKPIの2つに峻別します）

　一般的に、投資収益性は「利益 ÷ 投下資本」で算出されます。投下資本は事業への投資を、B/Sの資産サイドに着目して算出することが実務的です。このためEnabling KPIには、運転資本や固定資産、投資の良し悪しを評価する管理指標が設定さ

れることとなります。したがって、Enabling KPIには、設備投資、研究開発投資といった戦略的に判断する投資以外に、たとえば、売掛金回収サイトを短縮する、在庫水準を引き下げるといった資産を最適化する活動が含まれることとなります。これは、売上・収益を中心としたマネジメントを長年行ってきた企業で、投下資本に対する理解を浸透させる仕掛けとして利用していきます。

　また、事業への投資部分に焦点を当ててKPIを構造化することは、KPIマネジメント運用の局面で、事業責任者の役割をより明確にすることになります。事業責任者は事業の成果をステークホルダーに約束しますが、その成果を創出するために必要な投資判断すべき事項がEnabling KPIにより明確になります。そして事業担当者が上申してきた投資案件に対して、投資する、しないの判断を迫ります。

　また投資を実行したあとも、Enabling KPIをモニタリングし続ける仕組みを提供します。多くの投資案件において、投資時点では事業責任者が関与するものの、実行以降は簡単な進捗報告だけですませてしまいがちです。成果を生み出したかどうかの評価が曖昧になってしまうのです。Enabling KPIとして設定された投資案件は、成果をあげるまでモニタリングし続けることになります。

　このように、投資収益性向上のストーリーをシンプルに可視化して関係者とのコミュニケーションを図りやすくなるという点は、とくに複数の事業を展開する企業のコーポレート経営層にとって有用なマネジメントツールとなります。

　グループを統括するコーポレート経営層は、グループ全体の投資効果を最大化するために資源配分を決定する役割があります。多くの企業で、重要な投資判断を行う際には、コーポレー

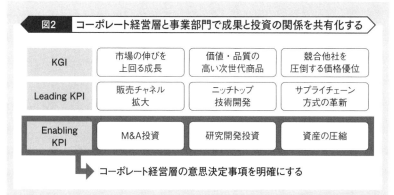

図2　コーポレート経営層と事業部門で成果と投資の関係を共有化する

KGI	市場の伸びを上回る成長	価値・品質の高い次世代商品	競合他社を圧倒する価格優位
Leading KPI	販売チャネル拡大	ニッチトップ技術開発	サプライチェーン方式の革新
Enabling KPI	M&A投資	研究開発投資	資産の圧縮

コーポレート経営層の意思決定事項を明確にする

ト経営層の意思決定を伴います。グループ全体で投資と成果の関係を共有することで、コーポレート経営層がグループ全体を俯瞰した意思決定を可能とし、合わせて適切な投資タイミングを設定することで、判断が遅れることによる機会損失のリスクを軽減します。

ポイント④

初年度はしっかりとつくり込む

　次に、「初年度はしっかりとつくり込む」という点をあげておきます。

　ポイント②で「Before/Afterのモデル事例を早めに示す」と述べました。KPIマネジメントの再構築では、新しい用語・作成するシートなど何かしらの変更点があります。それを具体的に早めに提示し、イメージをつかみやすくするためです。

　その一方で、部門・現場を中心とした「組織への浸透・定着」の面では、あわて過ぎず、「部門・現場にとって納得感があり、かつ自社にとって機能するKPIマネジメントの仕組みとPDCAサイクルは何か」をしっかりとつくり込んでいくことが大切です。取組み

の初年度はそのための期間に充てることを勧めます。

　再構築後のKPIマネジメントにおいて、何をどのレベルで管理するかについて、モデル例を示しながら、その修正・ブラッシュアップと部門・現場の意見収集を含めてつくり込んでいくというイメージです。

　つくり込みの対象は各社が取り組む目的によって異なりますが、一般的に発生する3つの階層での検討について、実際の事例と合わせて説明していきます。

≫ 経営・事業管理として何を把握・管理したいのか

　まず、経営レベル・事業レベルから見たKPIマネジメントです。いい換えると、本社の経営幹部・企画部門、各事業の幹部・事業企画部門から見たときに、部門の成果と活動に対して何をどのレベルで把握・管理したいのかです。

　たとえばある企業では、事業として掲げている財務目標と戦略課題に対して、部門が取り組むべき目標などをKPIとして設定していました。マネジメントサイクルとしては、半期に1回の頻度で部門から事業企画部門に状況を報告する形でした。

　しかしその設定内容は、単年度の目標や施策に対するKPIだけでした。そこで再構築の取組みでは、「中期の目標・施策に対してKPIを設定する」という方向性が打ち出されました。単年度の目標に対するKPI管理も大切ですが、事業環境や将来の事業競争力への影響を考えると、それ以上に中期の改革が進捗しているか（中期のKGI）、そのための各部門の重要施策の進捗（中期のプロセスKPI）はどうかという点をタイムリーに把握したいと考えたのです。

　目的は以上のとおりですが、実際の設定や運用を考えると、「中期のKGI・プロセスKPIとはどういうものか」「3ヵ年先までのKGI・プロセスKPIの達成水準の設定と、事業環境に応じた見直し

はどう行うか」など、具体論としてはさまざまな論点が出てきます。

このようなケースでは、「Before/Afterのモデル例」を先行例として示すことも大切ですが、最終的には、部門ごとに認識されている検討事項をうまく把握し、部門にとって納得感のある形の対応方針を示していくことも必要です。この企業では、モデル例を参考にしたうえで各部門の初年度の検討を進めました。初年度は「必要な修正点を把握するために1年」と位置づけ、改良を加えて2年目から本格的な運用に進む形を取りました。

従来の報告サイクルは、半期ごとに部門から事業企画部門に報告をする形であり、その対象はKGIとプロセスKPIでした。再構築後は、単年度とともに、中期に関するKGIについては、タイムリーに把握するとの観点から、四半期ごとに進捗状況の把握を行うこととしました。

一方、部門のプロセスKPIについては、第一義的には部門内でのプロセス管理に委ねるとの観点から、四半期・半期での報告対象とはせず、「年間の振返りと次年度計画におけるプロセスKPIの見直しの際の参考にする」という位置づけで、年度末近くにその実行状況などを報告する形となりました。

この点についても、とくにKGIの四半期報告への変更は、部門にとっては報告サイクルの短縮と業務負荷増となるため、初年度の取組みの中で目的に応じた報告方法の簡便化とシステム対応などを進め、第2年度からの本格運用につなげていきました。

≫部門レベルでのPDCAはどういう形がベストなのか

2つめは部門レベルでのKPIマネジメントです。いい換えると「部門内のPDCAをどうするか」についてのつくり込みです。

「はじめに」の図3、図4にある一般的なKPIマネジメントの取組

み体系でいえば、部門レベルは「部門の成果をあげるためにプロセスを管理する」という観点から、部門のKGIの達成状況・見込みをにらみながら、プロセスKPIの実行状況やその効果を把握・管理する形になります。しかし、「部門」という形で1つに括ってしまうのは必ずしも妥当ではありません。各部門によって、組織体系や各階層の組織が何をどのレベルで担うかは異なります。したがって、全体の枠組みは統一しつつも、各部門内でのKPIマネジメントの取組み体系は、各部門の管理ニーズに応じて個別に設定していく形がよいでしょう。

　一方、「初年度のつくり込み」が大切になるのは、「部門が何にどのような目標を設定すべきか」という点から見直すような場合です。部門レベルのKPIが設定されてはいるが、過去から取り組んでいる部門の定常業務的な事項についてのみに設定されており、あまり変化もみられないケースや、業務環境や部門に期待される事項が変化する中で、部門が戦略的に取り組むべき事項や、強化すべき機能についてKPIを設定する必要がある、というようなケースです。

　こうした場合、再構築後の考え方自体から、理解・浸透させる必要があります。KGIやプロセスKPIの設定方法よりも、「部門の変革テーマは何か」「何に対して目標を設定する必要があるのか」といったKPI設定対象の整理から進めます。そのために、部門にどのような視点・考え方を持ってほしいのかという観点から取組みを組み立てていきます。

　図4.7をご覧ください。図2.17で紹介した企業の事例です。この企業では、KPIマネジメント再構築の主要目的を「中長期に向けた部門の機能強化を実現する」という点に置き、従来の定常業務に対するKPI設定からのレベルアップを図ることにしました。そのためには、より高い視点・中長期の視点から部門の業務のあり方を見直していくべきとの考えから、図にあるように、「あるべき姿をリー

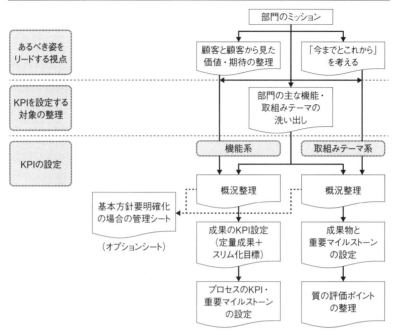

図4.7 部門の目標設定対象の見直しから取り組んだ事例企業での枠組み

ドする視点」として、「部門のミッション」「自社内の後工程を含む顧客の視点」「今までこれからの変化」などを検討して、その上で「KPIを設定する対象」を整理する枠組みとしました。

　このようなアプローチでは、新しい枠組みやKPIシートを提示したからといって、すぐに浸透するものではありません。ねらいを理解してもらうには、実際にKPIの検討・設定を行う中で自社や各部門に合った形を見出していくという観点が必要です。その意味で初年度でのつくり込みが重要になってくるのです。

》KPIと個人の目標管理をどうつなげるか

　3つめは、KPIと個人の目標管理をどうつなげるかです。

　KPIマネジメントを支援している中でよく相談を受けるのが、

「KPIと個人の目標管理（MBO）とをどうつなげればいいか」「またその場合、どのような形がよいか」というものです。

　私の回答はおおむねこうです。

　「つなげることはできます。KPIマネジメントの活性化や経営管理体系の整備の観点からは、なんらかの形でつながりを持つ方がよいでしょう。ただし、KPIマネジメントは本来、経営目標・事業目標の達成管理のために導入するものです。つまり、その対象は組織・部門です。一方、個人の目標管理は、個人の業務の目標や活動を管理するためにあります。それぞれ制度・仕組みの目的が異なるので、その点を理解した上で、どうつなげて捉えるかを設計し、社内に説明していく必要があります」

　よくありがちな誤解は、KPIマネジメントと目標管理をつなげることで、「全社員の目標管理の数字を積み上げたら事業や全社の目標になる」というものです。理論上はそうかもしれませんが、各部門の目標を個人に展開していく際、そうキレイに展開できるものではありません。その理由の1つは、個人の目標は各人1人だけで達成されるものは少なく、連携してはじめて達成できるものが多い、という点です。

　また、期中の環境変化や方針の見直しも当然あります。あってしかるべきです。したがって詳細に展開しすぎると、変化への対応の柔軟性を失うことになります。また、過度に定量的なつながりを意識してしまうと、それ自体に手間・負荷がかかりすぎて、多くの場合は費用対効果がないと感じます。

　営業部門の受注目標や顧客獲得目標などは、個人別の目標に数式的なブレイクダウンが可能であることもありますが、はたして「キレイに個人別に展開できるのか」「それが個人の目標管理にとって適切か」については慎重な検討が必要です。

　図4.8をご覧ください。KPIと個人目標との関係を整理したイ

メージ例です。左は組織としてのKPI、右が個人の目標管理となります。多くの企業での経験から、個人の目標管理の「何のために」（図の右側上部）を接点として、上位組織のKGIやプロセスKPIとつながりを明確にする形がもっとも効果的かつ効率的であると考えています。

　個人の目標管理制度では、組織の取組み・成果と個人の取組みとの関係性が薄れてしまっているという課題をよく耳にします。個人の目標管理が自己啓発的になってしまい、活性化に繋がらないという課題です。このような場合には「何のために」という目的によってつながりを明確にしていくことが有効です。そこで明確にした目的に対して「個人として何に取り組み、どのような進捗や成果を目標とするか」を具体化するのです。

　つながりを検討する際に、もう1つよく出てくる論点が「部門評価」との関係です。部門評価は、一般的には各部門の全社や事業の

図4.8　KPIと個人目標の関係

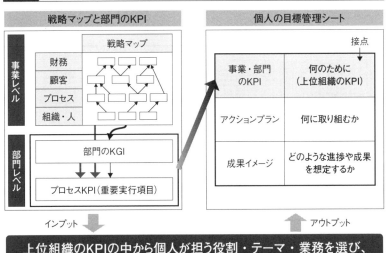

上位組織のKPIの中から個人が担う役割・テーマ・業務を選び、「目標管理シート」に記入する

目標への貢献度を評価するための仕組みで、部門間の成果配分の検討のためであったり、部門の責任者である部門長の人事評価のためにあります。

　図4.9をご覧ください。KPIマネジメントの再構築に取り組むある企業で、「KPIと個人の目標管理と部門評価制度との関係性を見直す」という検討事項に対して整理したものです。

　この企業では、KPIについては、各部門の業務（定常業務）と、期間限定のプロジェクトテーマ（図ではPJテーマ）に対して設定するという形を取りました。図の上部がそれにあたります。それぞれの設定対象に対して、KGIやPJテーマの成果物並びにプロセスKPIなどが設定されます。

　KPIと個人の目標管理（図の下部）との関係は、図4.8の考え方

図4.9　KPIマネジメント・部門評価・目標管理との関係の整理例

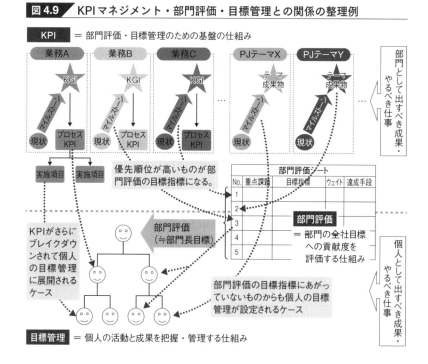

のとおり、部門のKGIやプロセスKPIとのつながりを保ちながら運用するという形を取りました。図の矢印のつながりの部分が「何のために」のつながりになります。

　部門評価については、「KGIの設定対象は部門によって数が異なる」という点と「全社目標への貢献の観点から、業務やプロジェクトテーマ間の重要度（優先順位）も異なる」という点から、重要度の高いもの上位5項目を期初に選定し、その達成度を主たる評価対象とする形を取りました（図の部門評価シート）。KGIを設定する業務対象は各部門ともに7〜10程度ありましたが、部門評価としては上位5項目としたのです。このあたりの設計の考え方は、各社によって違いが出る部分でもあるので、1つの参考と捉えてください。

　図4.9の整理からもわかるとおり、個人の目標管理から見ると、部門のKGI・プロセスKPIのいずれともつながらない人がいる可能性もあります。管理職などでは、何らかの形でつながることが多いのですが、部門メンバーの中には、主担当の業務がいずれのKGI・プロセスKPIともつながらないケースはあります。しかし、それ自体が「部門のKPIの設定が悪い」ことを意味するものでもありません。部門のKPIは、あくまでも企業・事業の目標の達成への寄与度が高い主要な業務やプロジェクトテーマに対して設定しているからです。その面からも、部門のKPIと個人の目標管理を完全につなぐことにはムリがあることがわかります。

　部門から個人への展開方法を見直す場合には、その理解・浸透とともに、「適切につながりを確保できるか」「それは個人の業務管理やモチベーションの観点からも有効か」という観点から、初年度はしっかりとつくり込み、確認していくことが大切です。個人の目標管理は当然ながら、それに影響を受ける人が多くなるので、その面からも高い留意を払う必要があります。

　余談ではありますが、KPIマネジメントと目標管理の制度とは、

企業内における所轄部門が異なることが多いでしょう。前者は経営企画部門の所轄、後者は人事部門の所轄という形です。それぞれの仕組み・制度が導入された背景や重視する点も異なってくることもあります。

しかし、制度の目的が異なること自体がまずいわけではありません。大切なのは、全社の経営管理体系としてどのような形がベスト、ベターかということです。この点を所轄部門間で討議してください。目的の異なる制度・仕組みのそれぞれの目的・ねらいを大切にする面からも、両者のつながりは「何のために」を接点としてつなぐ形が現実的かつ有効な方法と考えます。

ここでは「経営・事業管理として」「部門内のマネジメントとして」「KPIと個人の目標管理のつながりとして」の3つの想定される場面から、KPIマネジメント再構築に取組む際における「初年度のつくり込み」の必要性を整理しました。図4.1のモデルステップとの関係では、②、③で設計・幹部合意を進め、④、⑤において具体化し、⑥と⑨の各対象への説明会や研修会で教育・伝達を進めます。その後各部門で具体的な設定を進めていく形になります。

その際に大切なのは、単に説明するだけはなく、「実際に、自社で有効に機能するか」という観点から意見を集約し、必要な改善・修正を初年度の中でできるだけ拾い上げていくことです。その過程をしっかり踏むことが、ねらいに対する理解・浸透と納得感を高めることにつながります。

拡げすぎない・ムリをしすぎない

次に、文字どおり「活動を拡げすぎない、ムリをしすぎない」という点です。その観点からの留意点・注意点を以下に整理します。

» 目的はできれば1つ

第2章で、目的・位置づけが不明確だとうまく活用できなくなる要因の1つになると述べました。その中の現象のパターンの1つとして「目的が多すぎる、ありすぎる」をあげました。

とくにKPIマネジメント再構築では、それまでに何かしらの取組みが既に行われています。そこで認識した課題・反省と合わせて、「では、その改善と合わせて○○の目的も加えよう」という形で、目的が追加されがちです。

追加すること自体、決して悪いことではなく、しっかりと位置付けと進め方の設計をすることで、複数の目的を同時に実現していくことはもちろん可能です。ただし、焦点がぼける可能性・リスクがあることを肝に銘じてください。それぞれの目的の主管部門・起案者が異なるケースでは、とくに注意が必要です。それぞれのねらいや課題認識の擦り合わせ・調整が必要であり、その調整の結果、バランスを取りすぎて目的が不明確になるということもあります。

経験的には、複数の目的を持つのではなく、できれば目的は1つに限るとよいでしょう。

» 対象範囲の考え方：小さく始めるでよい

次に、取組みの対象範囲についてです。これもKPIマネジメント再構築では既に何かしらの取組みが進められていることもあって、全社的に一気呵成に進めるというアプローチになりがちです。それ自体は決して間違った方法だとはいえません。

ただ、これまでの活動がうまくいかなかった要因・背景を冷静に分析し、「今後はどのような対象範囲・アプローチが妥当か」をよく検討して進める必要があります。小さく始めることを推奨するわけではありませんが、「小さく始めることは悪くない」という発想を持って、現実的かつ効果的に考えることが肝要です。

その場合よく用いられるアプローチ方法として、パイロット部門（先行実施部門）を設定し、そこでの実施結果を踏まえて他部門に展開するという方法があります。これは対象組織を小さく始めることであり、実践的な方法の1つです。

また、対象組織だけに限るものではありません。ここで、再構築に向けた活動において、KPIマネジメントの実施対象を絞り込んで開始するに至ったX社の例を紹介します。

X社は複数の事業本部が存在する大手規模の企業（サービス業）です。数年前から、経営トップの号令で、KPIマネジメントの考え方を取り入れた経営管理を強化することにしました。進め方は各事業本部に任されており、それぞれの事業本部が他社の進め方などを参考にしながらKPIを設定していました。当然ながら各事業本部ごとの取組みにバラツキがあり、用語の定義などもバラバラで、本社サイドとしては全体像を整理しにくい状況となっていました。

こうした状況の中、全社的な事象推進体制の見直しとして、事業本部の統廃合を進めることになりました。そこでこれを機に、KPIマネジメントのあり方も見直し後の組織体制に合わせて見直すことになりました。著者はこのタイミングから、活動支援に参画しています。

相談いただいた当初は「再編後の事業本部ごとの戦略の再整理と、それを踏まえた傘下の各部門のKPI設定を進めたい。できれば全事業本部を同時並行的に進めたい」との意向でした。それを受けて、最初の討議では、上記のニーズに対しての一般的なアプローチをたたき台として提示しました。それが図4.10です。

図4.10のアプローチ方法をもとに討議を進めていくと、X社の幹部から「いきなり事業本部ごとの検討に進むのではなく、その前にX社版のKPIマネジメントの枠組みをしっかりと討議して進める形がよい」との意見・要望がありました。「立ち上がりに多少時間が

図4.10 X社におけるKPIマネジメント再強化の取組みアプローチの検討（初期討議）

1. 戦略方針・戦略課題の可視化	2. 部門のKGI・CSF・KP・KPIの検討	
1.5～2.5ヵ月程度	1.5～2.5ヵ月程度	
各事業本部の戦略マップ整理	事業本部傘下の各部門別のKPIの検討・設定（各部門別に各4回のセッションを実施）	今後の進め方の整理

各事業本部の戦略マップ整理
- 進め方の設計
- 戦略マップ作成セッション（第1回）
- 事業本部での戦略マップの作成
- 戦略マップレビューセッション（2～3回）

事業本部傘下の各部門別のKPIの検討・設定（各部門別に各4回のセッションを実施）
- 第1回：目標・KPI設定対象の整理
- 第2回：KPI検討セッション（主要1、2項目）
- 他の項目のKPI検討
- 第3回・第4回：KPIレビューセッション
- 他の項目のKPI検討・修正

今後の進め方の整理
・PDCAでの活用方法
・評価制度などとの連携の方向性
など

かかっても、理解・浸透を重視したい」「そのために、フォローアップを含めて研修や現場との検討会を組み込んで進めてほしい」という意向です。著者は、図4.1で示したモデルアプローチに近い考え方が適合すると感じました。

　そこで、修正版として準備したのが図4.11です。X社版の枠組みの設計と先行部門での検討を先に行い、その後横展開と運用の強化を図っていく流れです。

　提示した案に対する異論はなく、さらに突っ込んだ討議が行われました。論点となったのは、各事業本部全体の目標・戦略課題に対するKGI・KPIの設定でした。これまでのX社の取組み（KPIマネジメントだけでなく、他の制度・取組みを含む）に対する反省から、対象を広く設定すると「消化不良」を起こすとの危惧がありました。X社の組織風土として、やると決めたことには愚直に取り組むが、その一方で、綿密に管理、マネジメントするのは得意ではな

図4.11　X社におけるKPIマネジメント再強化の取組みアプローチの検討（修正版）

	X社版枠組みの設計 2〜3ヵ月程度	KPI設定研修実施＋運用ルール設計 2〜3ヵ月程度	運用	KPI活用研修／振返り 1〜2ヵ月程度（年度末近く）
事務局・コンサルタント	枠組みの素案設計（各階層で設定する項目）／研修コンテンツ・フォーマットのカスタマイズ	PDCA運用の設計（表記ルール、報告プロセス、会議体など）／運用開始準備	QA対応／報告・会議体運営	KPI振返りセッション（部別）（本部別）
本部・部	幹部層との枠組みの合意／先行部門での検討・例示作成	KPIマネジメント研修A（戦略マップ）／戦略マップレビューセッション（本部別）／戦略マップ・KGI検討／KPIマネジメント研修B（KGI・KPI）／KPIレビューセッション（*5）（部別など）／KGI・CSF・KPI検討／KGI・KPI検討	各組織での運用	KPIマネジメント研修C（振返り）／セルフチェック・課題整理

最終的には、事業本部の戦略マップの検討・整理ではなく、各事業本部での象徴的な変革活動や改革テーマに絞って、それぞれのKGI・KPIを設定する進め方に変更（KPIマネジメントの対象の絞込み）

いとの自己分析もありました。

　そこであがったのが、「事業全体の戦略課題を対象としてKGI・KPIを設定する」「各事業本部別に1つか2つのテーマ（象徴的な変革活動や改革テーマ）に絞る」というものでした。「活動対象を絞り、そのテーマに集中して事業本部のKGI・各部門のKGI・KPIを設定していこう」というものです。「テーマ数は少なくても、まずは重要テーマで成果をあげる成功体験をつくる」「これによって、他のテーマへの展開や組織浸透はおのずと進めやすくなる」という意図でした。

　そこで、対象テーマを絞る一方で、再編後の全事業本部が同時に進める形を採用しました。どのようなテーマを各事業本部が設定す

るかは事業本部と経営との討議で決定していくこととし、全社的に活動を盛り上げていくことになりました。

≫ 戦略があってKPIがある
（戦略・方針が未確定のものは置いておく）

次に、戦略・方針が未確定のものは「置いておいてもよい」という点です。

KPIマネジメントの活動は「見える化」「定量化」の活動であるという側面があるので、ややもすると、なにがなんでも定量化（KGI・プロセスKPIを設定する）することになりがちです。支援をする中でも、実務担当者から「方針・方向性が定まっていないような事項では、どのようにKPIを設定するとよいか」という相談を受けます。

こうした場合には、KPIありきではなく、「戦略があってKPIがある」と考えてもらうといいでしょう。戦略・方針・方向性が定まっていない状況で、目標や重要成功要因を検討するのはムリがあります。ましてや、定量的な指標を置こうとするのはなおさらです。

定まっていなければ「定まっていないもの」として扱うのが妥当です。KPIマネジメント的な発想で敢えて定量化を求めるとすれば、「戦略・方針・方向性をいつまでに定めるか」という点になります。第2章の図2.17で紹介した枠組み（基本方針要明確化の場合）がその考え方を取り入れた事例です。

≫ 組織の「強み」を活かす・消さない／「弱み」はムリせず、少しずつ改善

次に、それぞれの企業の組織としての「強み」を活かす・消さない、また「弱み」はムリせず、少しずつ改善という点です。企業の

組織風土には、それぞれの強み・弱みがあります。これはよい点・悪い点とというよりも、「特徴・癖」といった方がよいでしょう。

　KPIマネジメントの取組みでは、単に一般的な方法論を当てはめるのではなく、それぞれの企業の風土・特徴にマッチする形で適用することが大切です。これは、著者がコンサルタントとしてとくに留意している事項の1つです。

　再構築の取組みでは、そこに至るまでの課題が認識されているでしょう。そこには必ず、組織風土的な要因もあがっているでしょう。自社の風土・特徴を考慮し過ぎて、活動の重要な考え方まで曲げてしまってはいけませんが、一方で「当社にはムリがある」と感じたならば、活動のアプローチを検討する段階で、しっかりと議論すべきです。

　「それでは改革にならない」という考え方もありますが、基本的には各企業の風土・特徴に配慮した方が、結果的に成果につながることが多いように思います。

　たとえば、部門・現場に自由闊達な雰囲気・風土があって、画一的な進め方にはなじまないという企業があります。それぞれが自由な発想で創意工夫をするのは、間違いなくその企業の「強み」です。その場合には、ベースとなる枠組みだけは共通化して、各部門での運用には自由度を持たせた方がよいでしょう。画一性を求めるよりも、部門・現場目線で「よりよいKPIの活用方法とは何か」を引き出す方が得策です。

　また一方で、決められたことにはしっかり取り組むが、どうも緻密な管理が苦手だという管理職が多い企業もあります。管理が苦手とは、どちらかといえば「弱み」です。KPIマネジメントに取り組むことでその「弱み」を改善しようというねらいも含まれているでしょう。しかしこうした場合、一気に高いレベルを求めるのは得策ではありません。最終的に求めるマネジメント水準に行きつかない

ことを責めるよりも、「少しずつでも使い始めることを奨励する」「小さな変化・効果を称賛する」「取り組む範囲を徐々に拡大していく」など、少しずつの改善・向上を許容する方が妥当です。

先に紹介したX社の例でも、経営幹部との討議のベースにあったのは「自社の組織風土」でした。そこには、強みにも弱みにもなりうる点の認識がありました。これがまさしく特徴であり、癖です。

どのようにバランスを取るかはケースバイケースですが、「強みは消さない」「弱みはムリしない」という観点が大切と考えます。

» ITツールも、目的と活用度に合わせて選定する（過度な期待をしない）

最後に、KPIマネジメントの導入に合わせて検討されるITツールについての留意点です。見える化を進める上で、また、全社的に取組みへの意識向上を図る上で、KPIの見える化・見せる化のITツール導入は有効です。

ただ一方で「ITツールを導入すればKPIマネジメントはうまくいく」といった妄想や過度な期待をもってしまうケースを多数見てきました。ITツールはあくまでもツール・手段であり、大切なのはKPIを見る・分析する・アクションに活かすという「マネジメント行動」です。

したがって、マネジメント行動が浸透・定着していないにもかかわらず、ITツールの導入だけが先行してしまうのはよいことではありません。もちろん、ツールの導入によってマネジメント行動が促されることもあるでしょう。しかしその場合も、「どのような使い方が当社では妥当か」「当社の幹部・管理職の特徴と日常活動から考えて、どのような活用レベルになりそうか」という点は、慎重に検討すべきです。そうでなければ結果的に「宝の持ち腐れ」になってしまうリスクが高くなります。

個人的には、ITツールの導入を先行するのではなく、マネジメント行動に対してITツールが後から追いかけるという形が望ましいように考えます。つまり「このままではツールの導入や改良なしでは、管理が行いにくい、管理の手間が非常にかかる」という状況が先に生まれ、そこに対してITツールの導入を検討していく形です。その場合、まず間違いなく活用度は高くなり、導入時点で部門・現場から既に認識している要望・ニーズが出されて、使い勝手の良い仕組み・システムとして仕上がるでしょう。逆に、ITツールの導入が先行したり、見える化のためのITツールを導入することが目的となってしまっている場合には、実際のマネジメント行動やニーズとかけ離れた仕組み・システムができあがってしまうリスクがあります。

◀ポイント⑥▶

一にも二にも、現場目線で見直し・進化させる

　次に「一にも二にも、現場目線で活動を進める」という点です。

　多くの場合、KPIマネジメントの取組みは、本社や事業部の企画部門が主導して進めます。目的はさまざまですが、本社や企画部門から見れば「マネジメント・管理の強化・向上」という側面が少なからずあります。

　そこで、どうしてもKPIマネジメントの仕組みや運用の設計が本社・企画部門目線になりがちです。このことが部門・現場にとって「うまく活用できない」「形骸化してしまう」要因の背景になってしまいがちです。

　解決策は1つではありません。本章で述べる実践法の組み合わせ・総合技になりますが、その底流として常に持つべき視点が「現

場目線」です。これを欠いてしまうと、再構築の活動もまた、いずれ形骸化の道をたどることになってしまいます。

　「現場目線」とはどういうことか？　これもさまざまな要素があります。結果としてつくり出すべき状態としては以下があげられます。

◆ 取組みに対しての部門・現場の納得感が生まれている

◆ 部門・現場にとってわかりやすい

◆ 部門・現場に過度な負荷・手間がない

◆ 部門・現場を巻き込んだ取組みになっている

◆ 部門・現場の実状が踏まえられていると認識されている

　いずれにせよ、そのベースには「現場起点」「現場にとってどうか？」の視点が必要です。KPIマネジメントという手法自体が、できるだけシンプルでわかりやすいように工夫はしつつも、やはりわかりにくい、とっつきにくい面があるのも事実です。したがって、他の取組み以上に、「現場にとってどうか」という視点が大事になってきます。

　実際の取組みでは、各社の目的などに応じて、現場目線を取り込んだKPIマネジメントの浸透策がさまざまな形で企画・実施されています。ここでは、その代表例を列挙するとともに、必ず実践してほしいことを整理します。

》「使う仕掛け」「再認識する場面」をつくる

　まず浸透策としての代表例をいくつかあげます。各社との取組みの中で実際に企画・実施・支援したことがある策です。

　呼び名や内容はそれぞれ異なりますが、背景にあるのは「部門・現場がKPIを使う・活用する仕掛けつくり」であり、「KPIマネジメントの考え方や効果・効能を再認識する場面をつくる」ということです。KPIの達成状況を月次・四半期などで各部門が報告・共有

するという活動が「使う仕掛け」の代表格ですが、これはKPIを活用したPDCAの骨格なので、ここでは割愛します。

- **活用事例の発表会**：KPIを活用した業務改革・改善について、よい取組み事例の発表会や表彰を実施する
- **教育研修**：KPIマネジメントの手法・考え方・活用例などについての教育研修。通常導入時やフォロー・振返りのタイミングで実施する
- **新任管理者向けの教育研修**：KPIマネジメントの導入時には研修対象でなかった人に対する研修（研修を欠いている企業が多い）
- **社内報・動画の活用**：社員の幅広い対象者・階層を想定して、KPIマネジメントの基礎的な事項や有効性を広報するために作成する。近年は動画を活用する例が増えている
- **KPIマネジメントの進め方ガイド**：教育研修で用いる教材をもとに、KPIの設定方法・活用方法などをまとめた冊子などを作成・

図4.12　KPIマネジメント運用マニュアル（ガイド）の目次例

I. KPI設定の進め方と重要視点
　・KPI設定の一般的な手順
　・KPI設定の準備作業
　・KPIを設定する対象の検討方法

　・成果KPIの設定
　・成果KPIを考える際の視点・ヒント
　・成果KPIの目標達成水準をチェックポイント

　・プロセスKPIの設定
　・プロセスKPIを設定する際の視点例
　・KPIの部門内展開
　・KPI設定のチェックリスト

　（補）
　・KPIマネジメントのためのシステムツールと活用法

II. KPI活用（定着・浸透）の進め方と重要視点
　・KPIを活用したマネジメントの考え方
　　・上位のKPIを共有する
　　・KPIでPDCAを回す
　　・課題解決のためにKPIを活用する
　　・KPIでタテ・ヨコのコミュニケーションを強化する
　　　　　　　　　　　　　　　　　など

　・KPIマネジメントの振返り活動
　　・KPIの活用状況の確認
　　・KPIの見直しの進め方・チェックポイント
　　・次年度の計画策定に活かす
　　・自部門の課題、他部門への依頼を整理する
　　　　　　　　　　　　　　　　　など

　・KPIの活用方法をレベルアップしていく

　・よい例から学ぶ
　　・他社での取組み好事例
　　・当社他部門での取組み好事例

配布する（図 4.12 は事例企業における KPI マネジメントガイド
の目次例）

◆ **ヘルプセンター機能**：部門・現場で発生する疑問・質問に対して
回答する事務局機能。Q & A の内容や対応方法などをデータベー
ス化していく

◆ **見える化の IT ツールの導入**：KGI/ プロセス KPI などの達成状況・
進捗状況を共有する IT ツールの導入など。社内システムや会議
室のモニターなどへの継続掲示を行っている例もある

◆ **取組みについてのアンケート**：活動に対する理解度・共感度・有
効性についてのアンケートで、階層別に実施する。合わせて、取
組みに対する意見・要望も収集し、振返りの活動に活かす

≫ 必ず振返りをする

次に必ず行ってほしいのは、振返りの活動です。前述の浸透策は
目的と状況に応じて企画・実施するのに対して、振返りの活動は必
ず実施してほしいこととして強調します。

振返りの事例・進め方の例については、すでに第3章で触れまし
た（図3.6、3.7など）。ここでは再確認の意味を含めて、振返りの
活動で着目してほしい点を示します。

図表4.13をご覧ください。KPIマネジメントに限りませんが、経
営管理の制度・仕組みは導入後に「今年より来年、来年より再来
年」という形で進化・ブラッシュアップさせていくことが大切で
す。その視点を欠いてしまうと、再び形骸化への道を歩み始めま
す。

KPIマネジメントでいえば、図表4.13の内容を進化・ブラッシュ
アップさせていきます。これを推進の主管組織である本社・企画部
門と、対象組織である部門・現場との間で意見交換しながら進めて
いきます。

図 **4.13** KPIマネジメント進化の視点

KPIの設定内容・活用方法・運用については、「常に進化させていく」ことが必要

進化・ブラッシュアップさせていっていただきたいこと

- ・KPIそのものの妥当性　　　… KGI、プロセスKPIとして妥当な指標が設定できているか?
- ・KPIの達成水準の妥当性　　… 適切な目標設定水準となっているか?　など
- ・重要成功要因・重要業務など … 成果KPI達成のための真の成功要因・管理要因が明確になっているか?
- ・PDCAでの活用方法　　　　… KPIを有効に活用できているか?　よりよい活用方法はないか?
- ・組織内コミュニケーション　… 組織内コミュニケーション(上司・部下)(部門間)へのよりよい活用方法はないか?
- ・KPI設定プロセス　　　　　… 部門の戦略検討・課題整理・目標設定の進め方に改善点はないか?　KPIを設定する際のやりとり(本社・部門・現場など)に見直すべき点はないか?

　結果的に、KPIマネジメントを長く、うまく活用できている企業は、愚直に振返り活動を進めています。導入当初は、半年に1回程度行う企業もありますが、当初から年に1度でも構いません。前述のとおり、浸透・定着のためには、まず「2事業年度」をしっかり運用することです。その2事業年度の取組みの中に、振返りの活動を含めると、必ずよい活用状態に向かっていきます。

　ここまでは、実践上のポイントを、「KPIマネジメント再構築の進め方」の側面から整理してきました。以下では、「組織行動」の側面で留意すべき点について記述します。

2 ─ 組織行動の側面

ポイント⑦

KPIマネジメントの本質はPDCAを通じた組織内コミュニケーション

　大切なのは「KPIマネジメント推進活動の本質は、PDCAを通じた組織内コミュニケーションである」ことを肝に銘じることです。拙著『KPIで必ず成果を出す目標達成の技術』において、KPIマネジメントの本質は、「連鎖性の向上」「見える化の進展」「共通言語つくり」であると述べました（「はじめに」図1参照）。

　本書のテーマであるKPIマネジメントの再構築として多くの事例を踏まえて考察する中で、もう1つ加えたいのは「組織内コミュニケーション」です。

　連鎖性、見える化、共通言語づくりの3つは、KPIマネジメント手法の「特徴や効能の本質」であるのに対し、組織内コミュニケーションはKPIマネジメントの「推進活動の本質」と整理します（図4.14）。3つの効能をしっかりと引き出すためには、組織内コミュニケーションが重要成功要因となります。

　「効能の本質」が「明確にする」であるのに対して、「推進活動の本質」は「折り合いをつける」ことであると考えます。

　いい方を変えると、ここまでで整理している「進め方のポイント」がKPIマネジメントで成果を出すための必要条件であるとすれば、組織内コミュニケーションはその十分条件となります。

KPIマネジメントを進めている企業では「KPIさえ設定すれば、あとはうまくいく（経営成果があがる）」という認識をしてしまいがちです。もちろん適切なKPIが設定されれば、各部門が「目標（KGI）に向かって、重要成功要因（プロセスKPI）にしっかりと取り組む」ようになります。しかしそれは、単にKPIを設定したからではなく、KPIを活用したPDCAのマネジメント活動によって、経営幹部と部門長、部門長と管理職層、管理職層と各担当間のコミュニケーションが進んだからだといえます。

　また、KPI設定の活動によってつくられるのがKGIでありプロセスKPIですが、その作成過程で重要なのは、組織内コミュニケーションです。これをおざなりにして、たとえば経営幹部・管理職層とのやり取りなしに部門長が単独でKPI設定をしてしまうと、それは戦略方針とずれたもの、現場感のないものになります。しっかりとした組織内コミュニケーションがあってこそ、よいKGI・プロセスKPIが設定されます。ポイント①〜⑥で整理している点も、そのすべてのベースにあるのは組織内コミュニケーションです。

　では、組織内コミュニケーションに取り組むとはどういうことでしょうか。その答えは1つではありません。具体的に誰が何を行うかについては、各企業の組織体制やそれまでの組織内コミュニケー

図4.14　KPIマネジメントの本質

KPIマネジメント手法の効能の本質		KPIマネジメント推進活動の本質
1. 連鎖性の向上		
2. 見える化の進展	×	組織内コミュニケーション
3. 共通言語づくり		
明確にする		折り合いをつける

相乗により真の効果が生まれる

ションの進め方によって異なってきます。

　ただいえるのは、取組みを進めるにあたって、今までの組織内コミュニケーションのあり方を振り返り、どこをどう見直すべきかという検討を、早い段階で行うべきだということです。

　具体的には、ポイント④で述べた「初年度のつくり込み」において、KPIの設定プロセスと活用プロセスで「誰が、いつ、何を、どのように」実践するか、すり合わせるかというレベルにまで踏み込んで検討してください。各部門や管理職層の動き方のレベルにまで踏み込んでいきましょう。

　KPIマネジメントをうまく活用できなかった企業は、この点に踏み込んで、「今までの組織内コミュニケーションのあり方・進め方」と「これからの組織内コミュニケーションのあり方・進め方」を整理してみるとよいでしょう。そして、これからのあり方・進め方を、継続的に実行することです。組織内コミュニケーションのレベルアップを実現できない企業は、結果的にまた元の状態に戻ってしまうリスクがあります。

　繰返しになりますが、図4.14のとおり、KPIマネジメントの3つの効能の本質と推進活動の本質である組織内コミュニケーションが掛け合わされることで、真の効果が生まれるのです。

ポイント⑧

KPIマネジメント＝数値による管理という誤解を生まないようにする

　組織行動の側面で、もう1つの大切なポイントとして、「KPIマネジメントに取り組む＝（イコール）数値による管理」という誤解を生まないようにするという点があります。

　KPIとは指標であり、定量化ですから、当然従来の経営管理と比

べると、数値・数字による管理の度合いが高まります。これはKPIマネジメントのねらいの1つです。しかし、数値・数字だけの管理を意味するものではありません。

　KPIマネジメントを実践している企業、導入を検討している企業では、経営幹部から次のような話しを聞きます。

- ◆ KPIが設定されたら、数値・数字がすべて。それによってさまざまなことが判断できる
- ◆ KGI・プロセスKPIを設定して、それが達成できなかった場合には、その部門の責任者や管理者は責任をとってもらう

　ある面からは正しい発言ですが、KPIマネジメントをこのように捉えてしまうと、組織運営上、非常にリスクがあると考えます。数値・数字はもちろん大切ですが、それがすべてではありません。経営幹部がこのように認識すると、部門責任者・管理者は「KPIマネジメントはデジタルなマネジメントだ。数値・数字によるギスギスした管理をするのだ」と誤ったイメージを持ってしまいます。これでは、KPIマネジメントで本来得られるはずの効果が引き出せません。

　私は次のように答えています。

　「KPIマネジメントをうまく活用できている状態とは、別の形で表現すると『明確にしながら、折り合いをつける』ということです」

　KPIマネジメント手法の効能面の3つの本質（図4.14）は、言い換えると「明確にする」といえます。すなわち「うまくいっている／いっていない」（主にKGI）、「やるべきことができている／できていない」（主にCSF・プロセスKPI）を定量的にわかるようにするということです。

　しかし、それはKGI・プロセスKPIの結果だけで「責任とか評価を明確にする」ということではなく、またそうあってはなりませ

ん。責任や評価を適切に行うのは難しいテーマです。もちろん、KGI・プロセスKPIなどの定量的な指標は責任・評価の参考情報にはなりますが、それがすべてではありません。事業の方針の変化、KPI設定時からの環境の変化、部門の人員・リソースの状況、他部門の取組みの影響など、さまざまな要素が絡んでKGI・プロセスKPIの結果・実績となっているはずなので、この点への考慮・配慮が必要です。

KPIマネジメントにおいてもう1つ大事な要素が、先に述べた「組織内コミュニケーション」です。これは言い換えると、「折り合いをつける」といえます。KGI・プロセスKPIとその達成水準を設定する場面、結果に対してKPIをもとにその要因を検討していく場面、次年度の目標と施策を検討する場面などで、組織階層間・部門間のコミュニケーションをとりながら調整し、一定の合意をして次に向かうこと、これがKPIマネジメントの活用状態の適切な姿です。

そのためにも、部門責任者・管理者が「KPIマネジメントに取り組む ＝ 数値・数字だけによる管理」と誤解することがないように留意してください。数値・数字だけが前に出ると、折り合いをつけるプロセス・行動、すなわち組織内コミュニケーションが減ることにつながりかねません。KPIマネジメントに対する怖さを持ってしまう可能性が高くなるからです。部門間のセクショナリズムを高めてしまうことにもつながります。

KPIマネジメント活用の効果やうまく活用できている状態は、別の言い方をすると、次のようにもいえます。

「定量面があるから、定性面を加味できる・配慮できる」

つまり、KPIによって定量状態が明確になるからこそ、定性面の状況を加味した評価や判断ができるということです。もし、KPIがない状態を考えると、定性面だけの評価・判断になります。これでは適切な評価はできません。

本書は、日本企業の組織風土の特徴、いわゆる日本的経営をテーマにするものではありませんが、一般に日本企業の組織風土面の特徴としていわれる「部門間・組織間で折り合いをつける」とか「定性面の事情を配慮する」などが正しいとすれば、その特徴に対して、KPIマネジメントという手法がもっている「明確にする」という効能を「掛け合わせる」ことが大切です。両者が相乗的に機能したときに、組織としての対応力・マネジメント力のブレイクスルーやイノベーションが生まれるのです。

　同様に日本企業の組織風土面の課題としてよくあげられる「折り合い・調整をつけ過ぎる」「定性面を配慮し過ぎる」ことが組織運営面の課題となっている企業では、KPIマネジメントの「明確にする」効能を用いて、その課題解決を進めていくことができます。しかし、それは決して「数値・数字だけの管理」に寄り過ぎるものであってはなりません。

　その両者のバランス、さじ加減、ないしは相乗効果の生み出し方が、まさしくKPIマネジメントを進める際の経営幹部の腕の見せどころです。

　最後に、ここまで述べてきた組織行動面でのポイントと合わせて、KPIマネジメントの推進を通じて向上・浸透させていっていただきたいことを述べます。それは、

　「結果を大事にしながら、組織内コミュニケーションを活性化し、仮説・検証を大切にする風土を高めていく」
ということです。

　結果は、KGIでありプロセスKPIです。それを直視することは必須です。しかし一方で、結果だけに焦点があたりすぎないよう、KPIを媒介とした組織内コミュニケーションを活性化していただきたいのです。結果の直視とコミュニケーションが生み出すのは、仮説設定とその検証をしっかり行い「次に活かしていく」という組織風土

です。

　組織風土の醸成は一朝一夕ではできません。継続して取り組む必要があります。継続は力なり、継続することで「進化」が生まれます。

　本書の内容を参考にしていただき、KPIマネジメントに継続的に取り組むことで、各企業の経営力の向上が実現することを願います。

Column　不確実性の時代におけるKPI活用法

マネジメントの潮流③

KPIマネジメントによる組織内コミュニケーションの活性化

　組織の縦割りによる弊害は、どの企業にも多かれ少なかれある課題の1つです。その解決策の1つとして、KPIマネジメントは有効です。

あるコンテンツサービス業のケース

　A社は、さまざまな媒体のコンテンツサービスを提供している会社です。A社ではこれまで、全社の目標や事業別売上、コンテンツ別売上などの目標設定をしていましたが、いずれも過去からの延長上で目標を作成している状態であり、また目標もKGIレベルでプロセスKPIレベルにまで十分に落とされていない状況でした。したがって、目標に対する振返りも十分ではなく、結果的にKGIである目標が未達成であることが常態化していました。

　A社の組織は、機能別（営業部・広告部・コンテンツ制作部など）に編成されていました。コンテンツの売上は「コンテンツ販売売上」と「広告売上」の2つで構成されており、それらに影響するのが「コンテンツの企画」となっています（図1）。

各機能が協力してコンテンツ全体の売上を伸ばさないといけ
ない状況ではありましたが、組織内のコミュニケーションは決
して円滑に行われているとは言えませんでした。

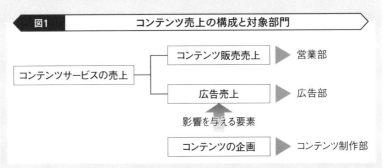

図1　コンテンツ売上の構成と対象部門

　KPIの取組みでは、まず最初に組織別にKPIシートを準備
し、部門ごとに検討を行いました。

　KPIシートを組織ごとに検討するのは一般的な進め方です
が、A社の場合は、目標指標であるKGIを達成するためのポイ
ント・肝となる事項（CSF：重要成功要因）を検討する際に
は、「組織の枠を超えた」検討を行う形で進めました。

　具体的には、KGIである「コンテンツサービスの売上」に対
して、CSFの検討はコンテンツ制作部の観点だけではなく、
「コンテンツ販売売上」と「広告売上」の両方に寄与する観点
から検討・整理していきました。KPIシートは組織単位で作成
しつつも、重要成功要因は組織単位ではなく、上位目標である
KGIに対する観点で検討していったのです。

　では営業部と広告部それぞれのKPIシートには、何をどのよ
うに記載すればよいのでしょうか。

　数多くあるコンテンツの広告売上を広告部のKPIシートに羅
列しても、コンテンツ制作部のKPIシートを書き換えただけに
なってしまいます。わざわざ二重で管理する必要はありませ
ん。KPI設定後のP「DCA」の実施単位を踏まえて、「広告部

におけるコンテンツ広告以外のミッション・重要施策は何か」
を考えていきました。

　広告部の場合、コンテンツに関連する広告売上以外にも、ク
ライアント企業に対してパンフレットやイベントなどプロモー
ション企画を提案するという役割・ミッションがあります。近
年はその売上が伸びており、利益率もよいことがわかっていま
した。そこで、それらについての施策とその達成目標を、KPI
シートに整理・記載していきました。

　営業部も同様に、コンテンツやその他イベントに関連するノ
ベルティを企画・制作する役割・ミッションがあったので、そ
れに関する重要施策について記載しました（図2）。

　つまり、コンテンツ売上というKGIに対するKGI → CSF →
KPIは、コンテンツ制作部のKPIシートで検討・整理し、広告
部と営業部については、それ以外の各部の重要な役割・ミッ
ションに関する施策としてKPIを設定したわけです。KPIシー
トは組織単位でありながらも、中身は組織を超えた「事業の視
点」「上位の視点」で検討し、全体最適をとったのです。

図2	各部門のKPIの内容

コンテンツ制作部

コンテンツサービス収益
（売上／費用）
コンテンツ販売売上
広告売上

広告部

プロモーション企画
その他重要施策

営業部

ノベルティ売上
その他重要施策

指標の設定方法は、設定後のP「DCA」をどの単位でどのよ

うに回していくかと連動して考える必要があります。P「DCA」をどのように回すと最適かを考えながら、事業推進のあり方をしっかりと見据えた設定が必要になります。

次にPDCAサイクルですが、設定したKGIを頂点に、その達成に関連する部門も含めたPDCAを回していく必要があります。A社の場合も、コンテンツ制作部で設定したKGIを頂点としながら、広告部と営業部も出席して、毎月の状況と数ヵ月先の見通しについて共有するマネジメントプロセスをつくりました。

A社では、これら3つの部門がしっかりと連携できているケースもありましたが、個々の人間関係に依存してしまっており、多くのコンテンツ・サービスで十分に連携できていない状況でした。

本来ならば、それぞれのコンテンツ・サービスのターゲットや特徴に応じて販売チャネルの検討が必要です。そのためには、コンテンツ制作部と営業部が連携して「どの販売チャネルをより積極的に活用すべきか」というような議論が行われるのが望ましいでしょう。しかし実際には、画一的に既存販売チャネルに対して営業案内を行っているだけでした。

広告部も同様に、各コンテンツ・サービスのターゲットや毎月の企画に適した広告主に営業活動を行い、受注を取ってくる必要がありますが、実際にはルート営業的に既存の広告主先を回るだけとなっており、コンテンツの特徴に合わせた広告主の新規開拓や広告掲載についての攻めの提案活動ができていませんでした。

今回KPIマネジメントを導入し、新しいPDCAのマネジメントプロセスを進めるにあたり、次のようなやりとりや検討が生まれていきました。

- もっと××の販売チャネルに対してアプローチできないか
- 今回コンテンツ販売の売上が下がったが、競合は売れているのか、またその理由は？
- 制作側としては、○○のジャンルの広告を載せたいから、営業をしかけてほしい
- △△の広告が受注できそうだが、うまくコンテンツ側で特集を組めないか

などです。

お互いの部門への要望や意見が出てきて、事業の強化・活性化のための有意義な議論が生まれてきました。単なる意見交換だけでなく「この後、別途時間とって、施策についての相談しよう」といった、次につながるやりとりも増えてきました。

このように、KPIマネジメントはKPIの設定単位やPDCAサイクルの設計をうまく行うことによって、組織内コミュニケーションの活性化に大いにつなげることができます。これは短期のKGIの達成以上に、組織にとって意義あることだと考えます。確実に、将来に向けた組織力の向上につながります。

組織の縦割り意識が強く、組織内コミュニケーションが円滑でないという問題意識があれば、KPIの設定単位やPDCAサイクルのあり方について今一度検討してみるとよいかもしれません。

第 **5** 章

KPIマネジメントの
取組みが発足する背景
―代表事例紹介―

　ここでは、各社のどのような背景やニーズによって、KPI マネジメントの取組みが生まれたのかについて、代表的な数社の例を紹介します。それぞれの取組みには「なぜ、それが必要とされたのか」という背景があります。KPI マネジメントの活用は、いったいどのような目的・ねらいからスタートするのか、参考にしてください。

「計器盤」と「意識改革」

　まず最初は、グローバル製造業・P社の事例です。業界内のシェアが低位で、収益性にも課題があったP社は、低収益がゆえに、経営管理のシステム・仕組みへの投資が先送りになりがちでした。

　また、業界でのシェア低位に甘んじてしまう風土が蔓延しており、設定した中期経営目標などの達成が毎回未達成になることが常態化していました。

　P社のトップマネジメントは、強固な収益基盤の確立を目指して、PDCAのマネジメントプロセス全体をグループ・グローバルで再構築することを決意します。取組みを開始するにあたって、ヒアリングさせていただいた際に出てきたキーワードは次の2つでした。

≫計器盤と意識改革

　1つは「計器盤」です。現状では、「経営計画の達成に向けて、しっかりと進捗しているかどうかを把握できる仕組みがまったくない。いわば、計器盤なしで飛行機を操縦しているようなものだ。会計、また会計以外も、中期・短期の計画達成をしっかり管理するための仕組みを考えてほしい」というものでした。

　2つめは「意識改革」です。長年、目標の未達成が常態化しているので、その意識を変え、「目標は必達であるという風土を、浸透させることから取り組む」というものでした。

　トップマネジメントへのヒアリングと並行して進めた役員・上級部長クラスへのインタビューにおいても、意識改革の課題は多くの人が口にされました。「当社には、目標は達成するものという意識がない」「経営計画はつくることが目的になっている」「その意識を変えるには、相当なエネルギーが必要である」というものでした。

図 5.1 グローバル製造業「計器盤」と「意識改革」

グループ全体の強固な収益構造を築くため、経営計画達成へ向けたPDCAのマネジメントプロセスを再構築する

1. 経営計画体系
2. 製品別収益
3. KPI
4. 仕組み／プロセス
5. 意識・風土改革

　プロジェクトでは、経営幹部層の意向・認識と、現状の経営管理の仕組み・システムの状況を踏まえて、プロジェクトで取り組む主要要素を図5.1にある5つの要素に整理し、それぞれサブプロジェクトとして進めていくことにしました。

» 中期経営目標は変更しない

　経営計画体系では、経営計画の位置づけ・検討するプロセス・進捗管理の方法などをすべて見直していきました。その中でもっとも大きな変更点は「いったん設定した中期の経営目標は、変更を不可とする」という点でした。従来は未達が常態化していたため、中期の目標を毎年下方に修正することが繰り返し行われており、中期目標と単年度の予算との違いもよくわからなくなっていました。目標に対する認識を変える上でも、目標の旗を簡単には降ろさないという位置づけにしたのです。

　そのような経営計画の達成管理をサポートするために「製品別収益」を把握・管理する仕組みと、各部門の財務・非財務の目標・施策の見える化の仕組みとして、KPIマネジメントを並行して導入することにしました。

製品別収益は、製品別・市場別（地域・チャネルなど）に、投資回収を含めて採算が確保できているかどうかを財務評価するための管理会計の仕組みです。この点は、グループ全体を対象とした業務システム・会計システムの改修・新設も伴うため、仕組み・プロセスとしての構築と活用開始には期間を要します。

　そこで、経営計画の位置づけの浸透と、管理職を中心とした意識・風土改革の取組みのためのマネジメントツールとして、KPIマネジメントを位置付けることにしました。システムの改修などを行わずとも、KPIの検討とその把握・活用は一定レベルでは実行可能であるからです。「鉄は早いうちに打つ」という考え方で、経営計画の進捗状況の見える化と達成のためのマネジメント強化の取組みは早期に進めたいとの判断からでした。

　プロジェクトチームは、主要な機能部門ごとに、「計器盤」として必要な事項は何かという検討を部門の管理者とともに進めていきました。KGI・プロセスKPIなどの枠組みについては、すでに紹介しているとおりです。

　中には、取組み自体に異論を持つ部門もありました。長年根付いてしまっている「目標未達でもよい」の風土がネックになって、「達成すべきこと」（KGI）、「やるべきこと」（プロセスKPI）を明確にすることに対する抵抗感も相応にありました。しかしそこは、「何年かかってでもやりきるマネジメント改革の取組みである」とのトップ層の強い覚悟を発信し、プロジェクトと各部門・現場とのコミュニケーションを継続的に行うことで、KPIマネジメントの考え方や必要性が年を追うごとに浸透していきました。

≫KPIマネジメントで改革のねらいを浸透させる

　図5.2は、P社とは別の企業における取組みステップ例です。本書の中で各所で取りあげている中期経営計画を中心とするPDCA

のマネジメント基盤の再構築や強化を進める際は、図のように「経営計画」「KPIマネジメント（財務・非財務）」「管理会計（財務）」の3つの要素を並行して取り組んでいくのが一般的です。その中でもKPIマネジメントは早い段階から着手・導入ができ、かつ見える化を含めて、何かしら取組みが進んでいるという成果を示すことにもつながるため、目的・ねらいを浸透させていく面からは、取組みの中心的位置づけになります。

図5.2のステップ例では、初年度は、前中期計画の内容をKPIに展開することに取り組んでいます。次期中計の検討と並行して行っています。これは、KPIを設定する手法や活用効果を早期に理解してもらうための工夫です。既に中期計画は進行しているため、何をKGI・プロセスKPIにするとよいかという検討が行いやすくなり、手法の理解と意識付けに有効な進め方です。

図5.2 中期経営計画を核としたKPIマネジメント取組のステップ例

多拠点の業務品質維持とマネジメント力向上

　次の事例は、大手サービス業・Q社での事例です。全国ほぼすべての都道府県に地域拠点があり、現場での営業活動とともに、顧客サービスやメンテナンス対応などを全国津々浦々で対応するオペレーションを行っています。

　組織体制としては、各地域拠点が7つの地域ブロック（関東ブロック・近畿ブロックなど）に分けられた地域本部があり、傘下の地域拠点の統括・管理を行う役割となっていました。さらに本社部門として、経営企画・人事・マーケティング・新規サービス企画・情報システム・経理・総務などの部署があります。

» あえて前回と同じ命題を設定

　Q社では、3年ほど前からバランスト・スコアカードの考え方を活用したマネジメント強化を進めていました。その中でKPIマネジメントの考え方を取り入れる形をとっており、本部の各部署と地域拠点ごとにKPIを設定し、定期的に状況を取りまとめて本部に報告する形を取っていました。

　しかし、従来から自社で推進していた取組みは、十分には機能していないことを認識していました。そこで、次期の中期経営計画策定のタイミングで、取組み自体の見直し・再構築を進めたいと考えていました。このタイミングで、再構築の進め方についての相談を受けました。

　実現したいのは、「業務品質の維持向上」と、その推進を各部署が「自立的に進めるマネジメント力を身に付ける」ことでした。この点は取組みの当初から変わっていませんが、従来のままでは実現に至らないとの認識から、再度同じ命題を設定して、再構築を検討

することになりました。

　最初に、事務局である経営企画部門とコンサルタントとの間で、これまでの取組みでは何が問題であったのかという討議・整理を進めていきました。図5.3の上部がそのまとめになります。

　「KPIの設定」の面では、各地域拠点や部署間でのKPIの設定方法やその活用方法にバラツキがある状況にありました。また、浸透策の課題とも相まって、地域拠点にとっては、何のためにKPIマネジ

図5.3 多拠点型大手サービス業　KPIマネジメント再構築の背景

全般的課題認識

> KPIを意識して事業計画の実行管理を実施しているものの、十分に機能していない面が多い

KPIの設定	KPIの浸透	事業計画と目標管理との連動
・KPIの設定方法やアクションのレベルにバラつき ・地域拠点の各組織（機能部署）の理解・腹落ち感が不十分 ・営業部署は比較的KPI設定が可能であるが、間接機能部署のKPI設定に課題 ・KGIは立てられているが、重要施策とKPIへの展開が不十分 　　　　　　　　　　　　　など	・何がKPIマネジメントの重要ポイントであるかを伝えきれていない ・地域本部を対象とした浸透策では十分に各組織（地域拠点・現場）に浸透していかない ・方針と各部門の施策・KPIに乖離がある（リンクしていない） ・座学のみの研修では不十分→実践的な討議セッション形式の研修が効果的では 　　　　　　　　　　　　　など	・事業計画と部門・個人の目標管理との連動が不十分 　- KPIとのつながりを意識した目標管理表となるよう、見直しを検討したい 　- 事業計画⇒部門のKGI・施策・KPI⇒個人の役割・目標との連鎖の再整理 　　　　　　　　　　　　　など

KPIマネジメント再構築における目的・ねらい

> ①事業計画と連動した各部のKPI設定　②日常のPDCAでのKPI活用
> 以上を実現するためのプログラムの企画と実施

重点実施事項

KGI・KPIのアセスメント	研修・討議セッション	フォローアップと傾向分析
過年度において本部部署/地域拠点にて設定したKGI・KPIに対して、事業計画の連動は明確になっているか、指標は適切であるかなどの確認・評価を行い、修正ポイントや留意点を整理	各アセスメントの結果に基づいて、考え方と知識をトランスファーするための「座学研修」と、より良いKPI設定・個人目標設定を行うためにの「討議セッション」を実施 より実践的な現場支援を行う	KGI・KPI設定後の活用状況を事務局がフォローアッププログラムで確認 部門・個人の目標管理への連動状況など、全体の傾向と対応課題を整理して次年度以降の対応に活かしていく

メントに取り組むのかについての理解・腹落ち感がない状態にありました。当然ながら、現場のKPI活用は形骸化しつつありました。本部への報告も、完全に「報告のための報告」になっていました。

KPIマネジメントの浸透策についても、いくつか課題が認識されました。1つは上記のとおり「何のためにバランスト・スコアカードやKPIの取組みを進めるのか」という目的・ねらいを明確に伝えていなかった点です。

また、手法・考え方を伝える方法として、座学的な研修や資料提供のみとなっていました。さらには、取組みで用いる用語（KGI・KPIなど）と、各組織階層（本社・地域本部・地域拠点）における目標管理に関連する用語との関係を明確に定義・整理していなかったため、地域本部や管理職によって、その捉え方・認識が異なるというような状況も生じていました。

Q社の経営企画部門としては、事業計画と部門・個人の目標管理との連動を確保する形にしたいと考えていましたが、その基盤・インフラが不十分だといわざるを得ない状況でした。

以上の課題整理を踏まえて、Q社におけるKPIマネジメント再構築の目的・ねらいを大きく次の2点として、その実現のためのプログラムの企画を進めていきました（図5.3参照）。

① 事業計画と連動した各部のKPI設定
② 日常のPDCAでのKPI活用

プログラム企画に先立って整理したのは、「KPIマネジメントにおける地域本部の位置づけの見直し」と「枠組み・用語の明確化」でした。

≫ 地域本部の位置づけの見直し

従来の取組みでは、各地域本部（7つの地域ブロック）が、各地域拠点のKPI設定やその活用を主導する役割として位置付けられ

ていました。しかし、Q社における実際の現場の業務・オペレーションは各地域拠点にあるため、地域本部の立場から現場感のあるKPIの設定・活用を進めるにはやや無理がありました。また、本部からの情報提供やKPI設定の進め方のサポートも十分とは言えなかったのでなおさらです。

　そこで、見直し後では、現場の地域拠点自らが、各拠点の実状に応じてKPIの検討・設定をすることにし、各地域拠点にそのための情報提供や後述する研修・セッションなどのサポートを行う形としました。また、地域本部の役割もなくなったわけではなく、地域本部は各現場での活動のサポート・マネジメントを行うという役割として、そのために必要な地域本部の管理者向けの教育研修などを強化していくこととしました。

≫枠組み・用語の明確化

　Q社では、「ビジョン」－「中期目標・方針」－「事業計画・重点施策」－「部署（本部・地域拠点など）別のKGI・重点活動・KPI」－「管理者・担当者の目標管理」の関係を改めて整理しました。それとともに、各項目ごとに「何が設定・整理されるべきであるか」「それはなぜか」を明示しました。従来も口伝えである程度は共有されていましたが、前述のとおり、地域本部や管理者によって解釈・理解が異なっている面があったので、その認識統一を図りました。また、後述のアセスメントにおいても、整理後の用語・定義の観点から認識の相違がある点をどんどん指摘・修正する形をとりました。

　以上が基盤整備的な事項として行ったことです。この整理を踏まえて、重点実施事項として具体化していった事項は以下の3点です。

≫ KGI・KPIのアセスメント

1つめは、KGI・KPIのアセスメントです。前述のとおり、これまでの取組みでは、各部署・地域拠点ごとのKGI・KPIの設定状況や、上位方針である全社の事業計画との連動性などについて、相当なバラツキがありました。その状態に陥ったことを責めるのではなく、現状を伝えて「今後の取組みではこのように正していく」ことを伝える必要がありました。

そこで、すべての部署・地域拠点のKGI・KPIの設定内容を確認・レビューして、修正すべき点を指摘・アドバイスすることにしました。「アセスメント」という言葉を用いていますが、決して良否の評価ではなく、適切なものにするための修正ポイントを伝えるという位置づけで行いました。

アセスメントの観点は、第3章の図3.10を参照ください。Q社においては、その中から重要だと考える6項目を選定して、各部署・地域拠点を同じ目線で評価していく形を取りました。

アセスメントの結果は、各部署・地域拠点ごとに理由を含めて伝達し、アドバイスに基づいて各部署で修正していただき、その結果を確認する形を取りました。それにより、KGI・KPIの設定レベルや全社の事業計画との連動性は、格段に高まったものとなりました。

≫ 研修・討議セッションの設計と実施

2つめは研修・討議セッションの設計と実施です。従来は、座学と資料での情報提供のみとしていましたが、再構築の取組みでは、ここに「実践性」を持たせることを最重視しました。実践性とは、KPI設定やその活用において、各部署が迷う、悩みそうな点を中心に、各部署の実際のKGI・KPIをできるだけ一緒に検討する形をとることです。

　具体的には、座学研修では枠組み・用語の定義など、全体共通的な手法の講義を行い、その後各部署ごとに各2回の個別討議セッションを実施しました。

　個別セッションの1回目では、アセスメント結果の伝達とともに、修正すべきKGI・KPIの中から1つか2つを一緒に見直し、手法とその活用方法の理解を高めるようにしました。その上で、各部署・地域拠点の管理者・リーダーには、2回目のセッションまでに、自部署・拠点のKGI・KPI全体の見直しを行っていただきました。2回目のセッションは、その内容をコンサルタントと共に確認・最終化する形です。相応に工数を要する取組みではありました

図5.4　アセスメントからKPI見直し・レビューの流れ

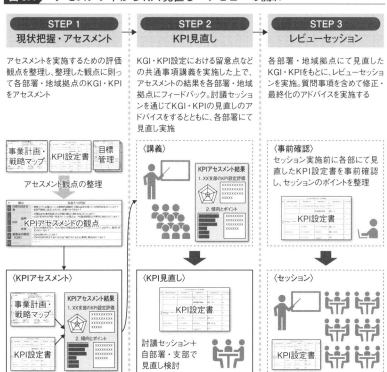

STEP 1 現状把握・アセスメント	STEP 2 KPI見直し	STEP 3 レビューセッション
アセスメントを実施するための評価観点を整理し、整理した観点に則って各部署・地域拠点のKGI・KPIをアセスメント	KGI・KPI設定における留意点などの共通事項講義を実施した上で、アセスメントの結果を各部署・地域拠点にフィードバック。討議セッションを通じてKGI・KPIの見直しのアドバイスをするとともに、各部署にて見直し実施	各部署・地域拠点にて見直したKGI・KPIをもとに、レビューセッションを実施。質問事項を含めて修正・最終化のアドバイスを実施する

が、Q社のように現場部署が多拠点である組織では、一度はしっかりと行っていくべき事項であると強く感じました。

以上の流れは図5.4を参照ください。

» フォローアップの活動

3つめは、フォローアップの活動です。上記の取組みによって、次期中期経営計画における各部署・地域拠点のKGI・KPIは適切に設定できましたが、それはPDCAでいう「P」の段階です。活用状況について、半期ごとに確認・フォローアップする機会を設けました。

Q社の対応課題の1つに「事業計画と目標管理との連動」の強化がありました。フォローアップの活動においてはとくにその点に注力し、「適切に部門・個人の目標管理につながっているか」「目標管理の運用が、部署の管理者ならびに担当者の力量向上につながっているか」の確認を行っていきました。

» 事務局とコンサルタントの役割分担

上記の3つの活動では、それぞれのプログラムの進め方やコンテンツの企画について、コンサルタントが主導で設計し、適宜Q社の事務局メンバーと討議・確認していく形としました。実際のプログラムの実施については、第1年度はコンサルタントとQ社事務局が一緒に推進して、その進め方やファシリテーション上のポイントの共有とナレッジの移転を行いました。そして第2年度からは、Q社の事務局メンバーが主担当で進め、コンサルタント側はバックサポート的な役割のみを担う形となっていきました。

定量化・指標化が難しいと
考えられている業務の見える化

　次の事例は、研究開発型の製造業・R社での事例です。研究開発をグローバル（基礎研究と応用研究）と各国（応用研究と製品化でのカスタマイズ）で行いながら、各市場（基本的には国単位）への製品投入や顧客開拓の戦略立案は各市場ごとに策定しています。

　図5.5は、R社がKPIマネジメントの導入を企画するにあたって、課題認識と取組みの対象・目的などを整理したものです。R社では、グローバルでの事業計画・製品展開計画の策定、KPI（主にKGI・目標指標）の展開は行われており、日本法人でもその体系に準拠して経営管理を進めていました。

　一方、製品展開計画などの事業レベルの目標達成を支える業務レ

図 5.5　研究開発型製造業　開発支援・市場調査機能の見える化　取組みの背景

全般的課題認識

対象業務について部分的には定量指標を設定しているものの、業務全体の見える化・KPI設定・目的整理（何のための指標か、どのような位置づけで活用するかなど）が不十分である

KPIの設定	KPIマネジメント取組みの枠組み	運用・展開
・定量化が困難と感じる業務についての業務整理とKPI設定のレベルアップを図りたい（目標指標（KGI）と管指標（KPI）） ・とくに、バックオフィス的な業務と対外接点的な業務の整理が十分にできていない	・業務領域間の横串を通す、かつ、自社に合ったKPIマネジメントの枠組みを整備したい ・目標の達成状況の把握、指標を活用した管理や振り返りの方法など、現在の方法が良いのか判断できておらず、見直しをしていきたい	・××年×月からの新年度における目標設定・展開の活動に新しいKPIマネジメントの取組みの枠組みを適用したいと考えている ・そのための部門長・管理職へのKPIマネジメントの考え方の浸透と実践支援を外部コンサルタントに期待する

取組みの目的

評価が難しいとされている開発支援・市場調査領域の対象について、KPIマネジメントの考え方を活用した見える化の枠組みを整備した上で、KPI設定・活用の考え方と実践方法を管理職層中心に浸透・教育していく

ベルに対するKPI設定については、部分的にはグローバルでの共通指標は設定されているものの、業務の成果や有効性を測る指標、成果を達成するための重要成功要因を管理する指標などの設定は十分ではないとの課題認識がありました。

とくに、研究開発や顧客開拓を支援する業務については、定量化が難しいのではないかとの認識があり、KGI・プロセスKPIの設定が行われないまま業務を進めてきていました。他方、各製品のブラッシュアップや顧客への認知度向上のためには、それら支援系の業務の重要性は高まってきており、かつその業務に従事する人員数がグローバルでも日本法人でも増加傾向にありました。

そこでR社では、日本法人が先行事例となって、支援系業務の中でとくに重要な2つの業務（ここでは、開発支援業務と市場調査業務と表現します）を対象に、KPIマネジメントの考え方を取り入れて、見える化とPDCAの強化に繋げる活動を進めることにしました。R社の幹部・事務局の思いとして強かったのは、自社特有の業務であるため、「自社にあったKPI設定を考えてほしい」という点と、その枠組みを「対象部門の部門長・管理職に納得感を持ってもらい、浸透・活用につなげるような進め方をしたい」という点でした。

» 全体の計画体系の整理とKGI・プロセスKPIの検討

最初に取り組んだのは、既存の計画体系と今回検討対象である開発支援業務・市場調査業務の関係をKPIの設定体系として整理することでした。図5.6がその整理結果を概要整理したものです。

製品浸透計画と顧客開発計画では、製品開発の戦略と市場浸透の進展を経年で見ていくために多くのKGI（目標指標）的な指標が掲げられており、今回検討対象の業務がそのどこに貢献するのかという点が十分に整理されていませんでした。

そこでプロジェクトでは、★の2つの業務についてのKGI・プロセスKPIの検討・設定を主対象としつつも、その上位目標である☆（製品浸透計画・顧客開発計画）のうち、2つの業務の成果・貢献

図5.6 R社における計画体系と対象業務のKGI・プロセスKPI

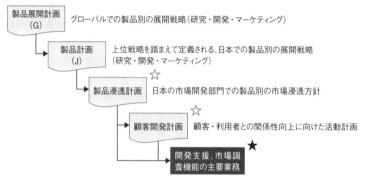

グローバルでの計画体系

製品の展開戦略から主要業務まで、各計画が展開される構造を目指している

製品展開計画（G）──グローバルでの製品別の展開戦略（研究・開発・マーケティング）

製品計画（J）──上位戦略を踏まえて定義される、日本での製品別の展開戦略（研究・開発・マーケティング）

☆ 製品浸透計画 日本の市場開発部門での製品別の市場浸透方針

☆ 顧客開発計画 顧客・利用者との関係性向上に向けた活動計画

★ 開発支援、市場調査機能の主要業務

KPIの設定体系

計画体系の各階層における目標指標は一定レベルで設定済であったが、目標達成を支える主要業務レベルでのKGI・プロセスKPIの設定が未了であった

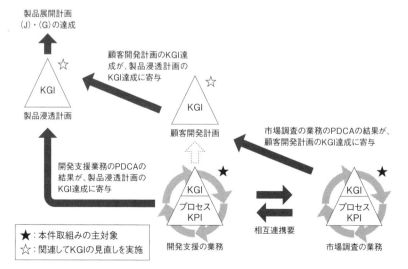

製品展開計画（J）・（G）の達成

☆ KGI 製品浸透計画

顧客開発計画のKGI達成が、製品浸透計画のKGI達成に寄与

☆ KGI 顧客開発計画

市場調査の業務のPDCAの結果が、顧客開発計画のKGI達成に寄与

開発支援業務のPDCAの結果が、製品浸透計画のKGI達成に寄与

★ KGI プロセスKPI 開発支援の業務

相互連携要

★ KGI プロセスKPI 市場調査の業務

★：本件取組みの主対象
☆：関連してKGIの見直しを実施

として寄与するKGIを明確にし、それらのKGIの定義や評価方法の見直しも行うことにしました。それにより、開発支援・市場調査の各業務にKGI・プロセスKPIを設定する意義について、部門長・管理職の理解・納得感が高まることにつながりました。

KPIの設定体系と位置づけの整理の次は、主対象である2つの業務（図5.6★部）についてのKGI・プロセスKPIの検討です。そのために取り組んだのは、それぞれの業務がどのようなプロセスで行われているのかの整理です。これまではそれぞれの業務で何を行うかについて文書として整理したものはなく、製品群（主要製品群で数～10程度）ごとに業務の進め方や成果目標についての捉え方は異なっている面がありました。

今回の取組みでは、そこに一定の共通認識を醸成することを目的の1つとしました。共通部分を整理しながら、製品ごとに異なる部分を別途付加していく形です。

図5.7は、その共通部分のプロセスを整理したものの概要です（実際の作成物はもう少し詳細ですが、ここでは簡略化）。サンプルとして2つの製品群におけるプロセスをヒアリングして整理した上で、他の製品群に従事している管理者・担当者に確認し、全製品群があてはまるものとして最終化しました。

開発支援業務並びに市場調査業務のKGI・プロセスKPIとしては、図5.7の業務プロセスの各業務のうち、「活動の実行」における各業務の1つひとつに対して、それぞれの「業務成果はなにか（KGI）」「業務成果を得るための重要成功要因（CSF）」「CSFのためにとくに管理すべき事項は何か（プロセスKPI）」を設定していきました。

部門長・管理職・担当者それぞれの理解・納得度を高めるためには、次の事項に取り組みました。

計画体系との関係や共通のプロセスについては、先述のとおり、

枠組みの素案を作成した上で、確認・討議する形を取りました。主要業務のKGI・プロセスKPIの設定については、まず代表製品群のKGI・プロセスKPIのモデル例を、コンサルタントとサンプル製品群の管理職とで作成しました。その上で、製品群別にカスタマイズすべき事項の抽出を、それぞれの製品群の管理職・担当者と検討しました。製品群によって製品のライフサイクルのステージが異なるため、製品の研究開発・応用開発における課題や、市場での顧客獲得における課題が異なってくる面があるため、KGI・プロセスKPIをカスタマイズする余地を持たせることが、実践性と納得感を高め

図5.7 対象業務機能の主要業務の整理とKPI設定の枠組み

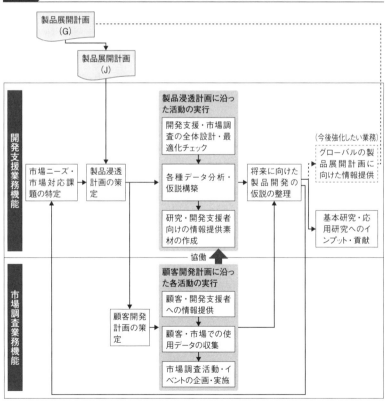

るために重要でした。

さらに、KGI・プロセスKPIの活用を始めて半年程度たった段階で、初年度の振返りワークショップとして、全製品群の管理職と主要担当者に1日半程度時間をとってもらい、KGI・プロセスKPIが妥当で活用価値があったかの評価とともに、次年度に向けた指標の見直しを行いました。製品群ごとに見た場合には、管理職・担当者の意識や業務環境の差によって多少のバラツキが出ていましたが、ワークショップの議論によって、取組みが遅れている製品群においても、そのキャッチアップ・底上げを図るきっかけになりました。

» 管理・間接部門のKPIマネジメントの特徴

R社では、従来は定量化や指標化が難しいと思われていた支援系の業務について、KPI設定とその活用に取り組みました。

同様に、定量化や指標化が難しいとされている業務領域として、管理・間接部門の業務があります。管理・間接部門とは、総務・経理・財務・人事・企画・法務・広報・管理・情報システムなどの機能・部門の総称です。開発・生産・販売・物流といった事業の基幹系業務以外全般といった捉え方でも問題ありません。

管理・間接部門の業務はKPIなどの指標設定が難しいと思われがちですが、必ずしもそうではありません。そこにKPIマネジメントの考え方を取り入れて、見える化とともに、業務の成果や効率性の向上を高めたいとの課題認識で取り組まれる事例も相応にあります。R社の事例の背景にもある考え方なので、以下に、管理・間接部門の業務におけるKPI設定の一般的な手順を紹介します。

まず、管理・間接部門の業務の一般的な特徴として下記の4点があります。

»① 一見、直接的な成果が見えにくい

1つめの特徴としては、一見、直接的な成果が見えにくいという点があげられます。販売や生産などの直接部門は、売上高・受注件数・粗利益額（販売）であったり、生産高・良品率・コスト低減率・納期遵守率（生産）などのように、業務の直接的な成果を定量的・財務的な指標で把握・測定しやすい業務です。

一方、管理・間接部門では、直接的な成果を定量的な指標で捉えることが難しい面があります。たとえば、経理部門の業務を想像してみてください。実際には、経理部門の業務でも、人員工数、業務コスト削減額、経理手続きのミスやコンプライアンス違反の件数など、機能・役割に応じて定量的な目標指標（KGI）は設定できます。しかし、定量的な目標を置きにくいイメージがあります。これは管理・間接部門の業務の多くは、財務的な指標を目標としないという点が関係しているのでしょう。

»② ユーザー視点を欠きやすい

次に、管理・間接部門の業務は、業務内容を設計したり、改善したりしていく際にユーザーの視点を欠きやすいという点があげられます。これはまさしく「管理・間接」の言葉のとおり、業務の直接の対象（役務提供の対象）が、企業・事業のユーザー（顧客・お客さま）ではないことが多いことに起因しています。

販売の場合ならば、業務の対象は直接の顧客や販売チャネルです。生産ならば、第一次的には良品を生産して引き渡す社内の後工程（販売部門・物流部門など）であり、その後ろには製品・サービスを購入いただくユーザーがいます。

では、管理・間接部門の場合はどうでしょう。直接の役務提供の対象は、たとえば社内の他部門（情報システム部門 → 情報システムのユーザー部門）であったり、従業員（人事・教育部門 → 従業

員）であったり、会社の経営陣（経営企画部門 → 経営陣）であったりします。つまり、直接的なユーザーが社内で閉じているケースが多いのです。

　販売・生産は、社外や社外に近い社内がユーザーなので、業務の成果は比較的定義しやすく、その良し悪しに対して社外の視点が常に含まれる形になります。一方、管理・間接部門では、ユーザーが社内に閉じているため、何が業務の成果なのかを定義しにくかったり、業務の内容・質に対するユーザー（社内・社外含む役務の受益者）の視点を欠いてしまいやすい傾向にあります。これが、管理・間接部門の業務に対するKPI設定が難しいとイメージしてしまうことにつながっています。

　しかし、こうした特徴があるからこそ、ユーザーの視点をしっかりと捉えることで、良いKPIが設定できるようになります。

» ③ 組織設計によって業務内容や担当機能が変わりうる

　管理・間接部門の業務は、どのように組織や業務を設計するかによって、業務内容や担当機能が変わりやすいという特徴があります。営業や生産などの直接部門は、組織の見直しがあっても実際にはさほど大きな変化がありません。しかし、たとえば、総務機能に含まれる業務は組織設計次第でどのようにでも変わりえます。他の管理・間接部門においても同じような傾向があります。

　また、企業間で比較してみると、組織名称上は同じでも、担当している業務範囲はまったく異なることが多く見られます。たとえば、経営企画部門の担当機能・業務などはその典型でしょう。ある企業では、全社や各事業の予算策定のとりまとめを中心とした業務に機能が限定されています。他の企業では、全社や各事業の戦略立案機能や経営計画の実行管理の機能までをも含んでいます。もちろん、いずれの組織設計が正しいというものではありません。

さらに、同じ企業の同じ部門であっても、誰が部門長であるかによって担当業務や機能の範囲が変わったりもします。A部長のときは経営企画の担当機能が限定的だったが、B部長になると担当機能の範囲が広がったなどのケースです。組織設計がヒトに依存している形になりますが、これが良くない組織設計のやり方かというと、必ずしもそうではありません。各部門の業務範囲を固定的に捉えすぎずに、人材の状況に応じて柔軟に組織設計しているとも言えます。

このように、管理間接部門の業務は、業務内容や担当機能が状況によって変わりやすいという特徴があります。そのため、一見何を主な役割とし、何を主な成果とするべきかということを捉えにくいという面があります。しかし、この点もKPI設定において部門の役割などをしっかりと検討していく手順を踏むことで、達成すべき成果の明確化を進めることができます。

»④ 組織の方針や優先順位によって求められる水準が変わりうる

管理・間接部門の業務は、組織の方針や優先順位の置き方によって、その部門・機能に求められる成果や実施内容の水準が変わりうるという特徴があります。

広報の機能を例に考えてみましょう。広報機能に何を求めるかについて、ある企業では、同業他社と同じレベルの広報やIR活動を実施する程度でよいと経営陣は考えています。しかし、別の企業では、戦略的な広報・IRを行うとする経営陣の方針のもとに、他社にはない施策を推進したり、広報活動の結果として企業の知名度向上の成果を求めていくと考えています。このように、組織の方針や、他の業務機能との力の入れ方の優先順位などによって、同じ部門・機能においても求められる成果や水準は異なってくることがあ

ります。企業の状況、時期、誰が部門長を担うかなどによっても変わってきます。

　営業などの直接部門でも、組織方針や優先順位によって、求められる成果や水準は変わりえます。しかし、管理・間接部門の方が、その変動の幅は大きいでしょう。営業などでは、水準は変わっても売上や利益を伸ばすという点は変わらないケースが多いと思われます。一方、管理・間接部門では、極論すると、その機能に会社として取り組むかどうか自体が組織方針や経営陣の考え方によって変わりうるくらいの変化の幅があります。

　たとえば、企業の社会的責任（CSRなど）への取組みなどもその一例です。CSRに力を入れてさまざまな戦略意図を含めながら取り組む企業もあれば、基本的にはCSRにさほど経営資源を投入しないという企業もあるでしょう。これも業務内容・担当機能の設計と同じく、いずれかが正解というわけではありません。

　このように、管理・間接部門の業務は、組織の方針や優先順位の置き方によって、その部門・機能に求められる成果や実施内容の水準が変わりえます。そこでKPIマネジメントでは、その部門や機能に対する組織の方針や期待値を確認しながら進めていくことになります。

　以上で整理した管理・間接部門の業務の特徴を踏まえて、管理・間接部門の業務におけるKPI設定の一般的手順とKPI検討のワークシート体系例を図5.8と図5.9に整理しています。図5.9は第2章の図2.17の例で紹介した枠組みと同じものです。

　ポイントの1つは、図5.9の「目標達成水準を高める視点」として、「顧客と顧客から見た価値・期待」や「今までとこれから」というように、管理・間接部門のあるべき姿を考えるであったり、従来と同水準の業務ではなく、より目標設定水準を高める・引き上げ

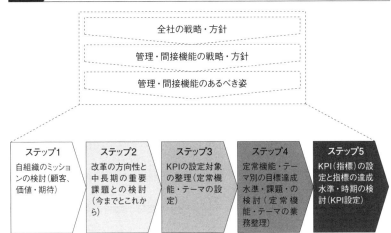

図 5.8　管理・間接部門業務における KPI 設定の一般的手順

全社の戦略・方針

管理・間接機能の戦略・方針

管理・間接機能のあるべき姿

ステップ1
自組織のミッションの検討（顧客、価値・期待）

ステップ2
改革の方向性と中長期の重要課題との検討（今までとこれから）

ステップ3
KPIの設定対象の整理（定常機能・テーマの設定）

ステップ4
定常機能・テーマ別の目標達成水準・課題・の検討（定常機能・テーマの業務整理）

ステップ5
KPI（指標）の設定と指標の達成水準・時期の検討（KPI設定）

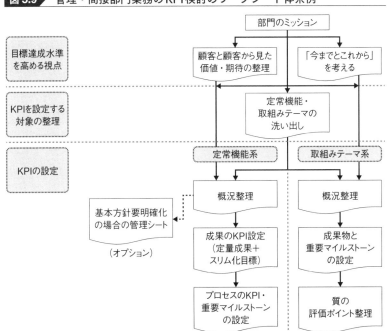

図 5.9　管理・間接部門業務の KPI 検討のワークシート体系例

部門のミッション

目標達成水準を高める視点

顧客と顧客から見た価値・期待の整理

「今までとこれから」を考える

KPIを設定する対象の整理

定常機能・取組みテーマの洗い出し

KPIの設定

定常機能系　　　取組みテーマ系

基本方針要明確化の場合の管理シート

（オプション）

概況整理

成果のKPI設定（定量成果＋スリム化目標）

プロセスのKPI・重要マイルストーンの設定

概況整理

成果物と重要マイルストーンの設定

質の評価ポイント整理

るという観点を持つ点です。ここでいう顧客は社外顧客・社内顧客の両方を含みます。

　もう1つのポイントは、「定常業務」と「取組みテーマ」という形でKGI・プロセスKPIを設定する対象を整理する点です。部門名だけからは、その企業のその部門において何に取り組んでいるかが特定できないという側面があるとともに、管理・間接部門においては、日常的に取り組んでいる「定常的な機能・業務」とともに期間限定で取り組むプロジェクトやタスクフォース的なテーマが通常存在するためです。

　定常機能についてのKGI・プロセスKPIの検討（図5.8ステップ4、図5.9の概況整理など）を進める際には、その業務・機能の戦略

図5.10 管理・間接部門の業務・機能の戦略マップを考える

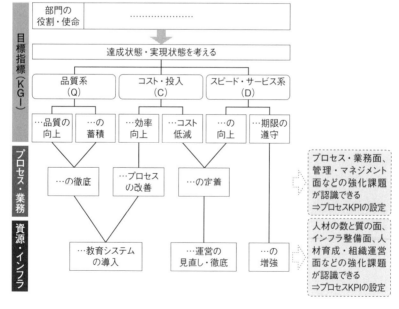

マップを検討することが、より良い KGI・プロセス KPI を設定する
うえで有効です。

　図5.10がその検討・整理のイメージです。業務・機能の成果をQ
（品質）・C（コスト／効率性）・D（スピード・満足）の観点から整
理するとともに、その達成のための重要成功要因を「プロセス・業
務」、「資源・インフラ」の観点から整理することで、目標達成や業
務の有効性向上のための課題を網羅的かつ重点的に検討・整理する
ことができます。

スタートの背景　事例 その 4.

公益組織における変革推進と KPI マネジメント

　事例の最後は、公益組織での事例です。KPI マネジメントは事業
会社だけでなく、公益目的の組織や公共団体などでも活用が進んで
います。

》ミッション・使命実現のために

　事業会社の場合、売上・利益・キャッシュフローなどの財務目標
が組織目標の主になりますが、公益組織においては必ずしもそうで
はありません。法人のミッションや使命の実現といった、ある種定
性的な事項が最上位の目標に掲げられます。しかし、そうであるか
らこそ、ミッション・使命が実現した形とは、何がどのような状態
になっているか、ミッション・使命実現のために、法人内の各部門
は何をどのように達成しなければならないのかを定量的に設定する
必要性があります。組織としてそうした機運が高まったり、定量化
や客観性の確保を求められるような場合に、KPI マネジメントの導
入や再構築に取り組むケースが多くなっています。

　図5.11は、ある公益組織・S法人がKPIマネジメントの再構築に

取り組む際に、その背景を整理したものです。S法人のミッション・存在意義は仮の記述と捉えてください。ある技術領域の社会的普及のために、その管理技術や管理水準を世界基準レベルに高め、維持していくことを目的として設立された公益法人です。その技術領域に関連する相当数の企業が人材と運営資本を出し合って、運営されています。

S法人では、法人の設立目的から定期的に国・外部機関によるマネジメントレビューを受けていました。その際、法人の部門が取り組むべき業務の自己評価の仕組みと運用が不十分であるとの指摘を

図5.11 公益組織におけるKPIマネジメントの再強化取組みの背景

組織のミッション・存在意義（下記は凡例的記述）

〇〇の普及・浸透を世界基準レベルで推進するために、
××手法の確立とその導入支援と定着評価を行う

自己評価・モニタリング強化	**KPI設定のブラッシュアップ**	**マネジメント手法の標準化**
・組織運営において以下の課題がある 　－業務の自己評価の仕組みが不十分 　－自己評価と改善を測定するために、KPIマネジメントの仕組みを活用すべきとの認識があるが、進展が不十分 など	・独自にKPIマネジメントを取り入れてきたが、定性的な目標設定となっており、自らの活動に対して適切な評価基準を設定できていない ・外部ノウハウの活用を積極的に進め、活動のスピードと客観性を高めていくべきとの認識がある など	・組織の成立ちが、多数の企業・組織からの人員の集合体であるため、管理手法が部門・機能ごとに異なる （それぞれに良い面があるが、統一性はない。そのことが人員の流動化を阻害している） など

本取組みの目的

外部のノウハウ・知見の有効活用しながら、法人全体の共通言語となる
KPIマネジメントの仕組みの設計と浸透

主要取組み事項

現状のKGI・KPIの見直し		**全部門適用に向けた標準化**
各組織の現状の業務内容をベースとして、管理目的に沿ったKGI・KPIへの見直しをコンサルタント・部門責任者が連携して実施		確実な展開・定着を実現するために、パイロットとして先行的に実施する部門を選定。その結果を踏まえて、法人全体に適用するKPIマネジメントのガイドラインを策定

受けました。業務目標と活動を定量化・見える化する手法として、従来からKPIマネジメントを取り入れてはいましたが、形式的になっている面があり、不十分だとの評価を受けていました。

その要因の1つとして、S法人の成り立ちが多数の企業・組織から出向した人材の集合体だという点がありました。各部門ごとに、出身の企業・組織で適用していた手法をもとに管理が行われている面がありました。それぞれの手法は相応に優れたものでしたが、当然ながら手法の考え方、枠組み、言葉の定義などに差異があります。KPIマネジメントの考え方についても、捉え方や適用の仕方が部門ごとに異なっていて、これがS法人全体での組織運営管理の一体感を生み出しにくい要因になっていました。

S法人が今後さらにミッション・存在意義の実現を図っていくためには、各企業・組織からの人材を交流・異動させながら、あるべき業務や機能をつくり込んでいく必要性が認識されていました。その点からも、マネジメントの手法に統一性がないという課題があげられていました。

》KPIマネジメントを共通言語として

こうした状況を背景に、KPIマネジメントの手法を共通言語として位置付けて、マネジメント手法の標準化を進めていくことをS法人の理事会は決定し、KPIマネジメントの再構築に取り組むことになりました。主な取組み事項は、「形式的な設定になっていた各部門のKGI・KPIを見直すこと」「法人の全部門に適用するKPIマネジメントの標準化を図ること」でした。

図5.12は、S法人における取組みの全体像を整理したものです。法人全体レベルでは、従来から策定されている組織運営計画があったので、その方針・方向性は所与のものとして位置付けました。ただし、フォーカスポイントである「部門レベルのKGI・KPIとのつ

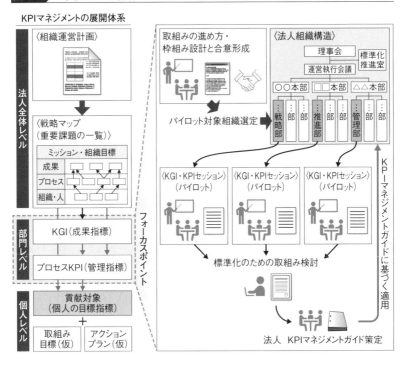

図5.12 取組みの全体像

ながりをよくする」ために、事業会社でよく用いる戦略マップの考え方を活用しました。具体的には、S法人のミッション・存在意義を実現するための戦略課題を「成果」「プロセス」「組織・人」の観点で整理したのです。これによって、戦略課題ごとにどの部門が主管となるか、連携すべき部門はどこかを明確にし、部門レベルでのKGI・KPIの展開の抜け漏れを避けました。

》まず、パイロット組織で実施

部門レベルでのポイントは、S法人としてのマネジメントの仕組みの標準化と、その合意形成をどのように実現するかでした。各本部ごとに、所属する人材の出身企業・組織や業界が異なっていたた

め、本部間での合意形成が課題になると推察されました。

　そこで、各本部ごとにパイロット組織を1つずつ選定しました。パイロット部門ごとにKGI・KPIのパイロットセッション（コンサルタントと部門メンバーとの討議）を行い、KGI・KPIを見直すとともに、どのようなKPIマネジメントの枠組み・ワークシート・運用プロセスであれば、S法人の組織運営に適合するかという意見収集を行いました。そして、それらの意見をもとにS法人としての「標準」の案を作成し、各本部・パイロット部門とともに必要な修正と合意をとる形をとりました。

　各本部ともに、従来行ってきていた管理手法や運用プロセスからの修正は発生しましたが、そこは今回のKPIマネジメント再構築の主旨から理解を進めていきました。そして、合意した内容を、[S法人版KPIマネジメントガイド]として策定し、その内容を他の部の管理者に教育・展開するとともに、パイロット部門と同様に、KGI・KPIの見直しを進めていきました。

»改革の3ステップ

　S法人の業務と運営面の強化の取組みは、大きく3つのステップで取り組みました。第1ステップは課題認識・発見のステップです。そのステップの中で、KPIマネジメント再構築の方向性が打ち出されました。第2ステップは変革方法の検討のステップです。それが上記で紹介した取組みになります。

　そして第3ステップは、手法定着と自己改善のステップです。第2ステップで確立したマネジメント手法と運用プロセスをもとに、各本部・部門が目標設定と改善を進めるものです。KGI・KPIの達成状況・進捗状況を半期ごとに確認して自己評価のレベルを高めるとともに、定期的に実施される外部評価での要求事項に対する対応力向上にも取り組んでいきました。

外部評価で求められる事項と、部門での自己評価として設定する KGI・KPIを連携して設定することで、外部評価のための準備や説明対応の効率化という効果も生まれていきました。

著者紹介

アットストリームグループ
2001 年設立。経営管理・プロセス改革、組織・人材の強化、事業構造改革を支援する経営コンサルティング会社。大手コンサル経験者を中心に、少数精鋭のプロフェッショナル集団として、KPI マネジメントの導入・活用などを含め規模を追わず質の高いサービスを提供。※アットストリームグループは、株式会社アットストリームと、事業会社であるアットストリームコンサルティング株式会社 / アットストリームパートナーズ合同会社の 3 社の総称。
URL：www.atstream.co.jp
お問合わせ：query@atstream.co.jp

大工舎宏（だいくや・ひろし）
アーサーアンダーセンビジネスコンサルティングを経て、株式会社アットストリームを共同設立。現在、同社代表取締役 兼 アットストリームパートナーズ合同会社代表パートナー、公認会計士。主な専門領域は、事業構造改革・収益構造改革の推進支援、各種経営管理制度（KPI マネジメント、管理会計など）の構築・導入、組織変革活動の企画・実行支援。著書は『KPI で必ず成果を出す目標達成の技術』『事業計画を実現する KPI マネジメントの実務』（日本能率協会マネジメントセンター）、『経営の「突破力」現場の「達成力」』『高収益を生む原価マネジメント』（日本能率協会コンサルティング）、『ミッションマネジメント〜価値創造企業への変革』（共著・生産性出版）ほか多数。

コラム執筆者紹介

堀江修太（ほりえ・しゅうた）
トヨタ自動車を経て、アットストリームに参画。現在、アットストリームコンサルティング株式会社シニアマネジャー。主な専門領域は、経営管理・間接分野、SCM・S & OP 領域の業務改革およびシステム企画・導入支援。

渡邉亘（わたなべ・わたる）
TIS を経て、アットストリームに参画。現在、アットストリームコンサルティング株式会社取締役、マネージングディレクター。主な専門領域は、グローバル経営管理、SCM 領域の業務改革およびシステム企画・導入支援。

西村直（にしむら・すなお）
アビームコンサルティングを経て、アットストリームに参画。現在、アットストリームコンサルティング株式会社ディレクター。主な専門領域は、グローバル経営管理 DX の推進と制度・分析手法の構築、会計システムや BI システム等の企画・導入支援。

佐藤史子（さとう・ふみこ）
トーマツコンサルティング、ベネッセコーポレーションを経て、アットストリームに参画。現在、アットストリームパートナーズ合同会社シニアマネジャー。主な専門領域は、営業戦略策定・実行支援、KPI マネジメントなど経営管理制度の設計・導入支援。

KPI マネジメントの再構築

見える化とコミュニケーションが導く PDCA 改革

2021 年 6 月 30 日　初版第 1 刷発行

著　者 ——— 大工舎 宏（株式会社アットストリーム）
　　　　　　　©2021 Hiroshi Daikuya（Atstream Corporation）

発行者 ——— 張 士洛

発行所 ——— 日本能率協会マネジメントセンター

〒 103-6009　東京都中央区日本橋 2-7-1　東京日本橋タワー
TEL　03（6362）4339（編集）／ 03（6362）4558（販売）
FAX　03（3272）8128（編集）／ 03（3272）8127（販売）
https://www.jmam.co.jp/

装　　丁 ——— 冨澤 崇（EBranch）
本文 DTP ——— 株式会社森の印刷屋
印 刷 所 ——— シナノ書籍印刷株式会社
製 本 所 ——— 株式会社新寿堂

ISBN 978-4-8207-2927-3　C3034
落丁・乱丁はおとりかえします。
PRINTED IN JAPAN

KPIで必ず成果を出す
目標達成の技術

計画をプロセスで管理する
基本手順と実践ポイント

大工舍宏・井田智絵 著
A5 判、192 ページ

「KPI をうまく活用する組織が成果をあげ続ける」をテーマに、KPI マネジメントの本質や KPI を企業経営に用いることのメリットを整理し、KPI マネジメントを実践する上での基本手順を解説。KPI 導入・運用の入門的実務書。

事業計画を実現する KPIマネジメントの実務

PDCAを回す目標必達の技術

大工舎宏 著
A5 判、216 ページ

実際に KPI を設定・活用していく際の実務マニュアルとして構成。具体的には、事業計画を策定していく際に、KPI を適切に設定し、かつうまく PDCA を回していくために、「誰が」「いつ」「なにを」行うべきかを記述。

【主な目次】

日本能率協会マネジメントセンター

アットストームの本

ケースでわかる
管理会計の実務

製品別採算管理
事業ポートフォリオ管理
投資案件管理の実際

松永博樹・内山正悟 著
A5 判、304 ページ

管理会計は、将来の利益を生むための基本と
して、技術部門、製造部門、生産管理、営業
部門、情報部門、管理部門すべての人が知っ
ておくべきビジネス・ツール。「製品別採算管
理」「事業ポートフォリオ管理」「投資案件管理」
について、ケースをもとに実務的にまとめた。

【主な目次】

日本能率協会マネジメントセンター